Worldwide Acclaim for Sudoku

"Diabolically addictive."
—*New York Post*

"A puzzling global phenomenon."
—*The Economist*

"The biggest craze to hit *The Times* since the first crossword puzzle was published in 1935."
—*The Times* of London

"England's most addictive newspaper puzzle."
—*New York* magazine

"The latest craze in games."
—BBC News

"Sudoku is dangerous stuff. Forget work and family—think papers hurled across the room and industrial-sized blobs of correction fluid. I love it!"
—*The Times* of London

"Sudoku are to the first decade of the twenty-first century what Rubik's Cube was to the 1970s."
—*The Daily Telegraph*

"Britain has a new addiction. Hunched over newspapers on crowded subway trains, sneaking secret peeks in the office, a puzzle-crazy nation is trying to slot numbers into small checkerboard grids."
—Associated Press

"Forget crosswords."
—*The Christian Science Monitor*

Also Available

Sudoku Easy Presented by Will Shortz, Volume 1
Sudoku Easy to Hard Presented by Will Shortz, Volume 2
Sudoku Easy to Hard Presented by Will Shortz, Volume 3
The Sudoku Challenge Presented by Will Shortz

THE GIANT BOOK OF
SUDOKU

PRESENTED BY WILL SHORTZ
300 WORDLESS CROSSWORDS

INTRODUCTION BY
WILL SHORTZ

SUDOKU BY
PZZL.COM

OTHER PUZZLES BY
SHAWN KENNEDY

ST. MARTIN'S GRIFFIN
NEW YORK

www.stmartins.com

ISBN 0-312-35764-8
EAN 978-0-312-35764-1

10 9

Introduction

More than a century ago the great American puzzlemaker Sam Loyd listed four minimal criteria a puzzle must have in order to spark a craze: The invention must be "entirely new," its name must not bear the slightest resemblance to anything that has gone before, its object must be evident to the average person at a glance, and the thing must be so engaging that it "will make a person study over it until he is mad with himself."

By these criteria, sudoku has all the makings of a craze—which, in fact, it has become during the past year worldwide. The idea is so simple that it can be explained in a sentence. Nothing like it has ever been seen before. The very name "sudoku" (pronounced "soo-DOH-koo," and meaning, loosely, "single number" in Japanese) is exotic and appealing. And as nearly anyone who has tried sudoku will attest, the puzzle is utterly addictive. When you finish one, you immediately want to do more—better and faster. Moreover, you can spend weeks doing sudoku and not understand all the subtle solving strategies. Even for experts it remains mysterious and fascinating.

This book contains 250 brand-new sudoku puzzles carefully calibrated for difficulty and arranged in approximate order of difficulty, from very easy (#1) to brain-bustingly hard (#240). The last ten (#241–#250) are giant "super sudoku" and themselves range from easy to hard.

All the puzzles can be solved using certain, step-by-step logic. You never have to guess and hope the path you have chosen is correct.

In addition to the sudoku, we are pleased to present ten examples each of five other types of sudoku-related puzzles we think you'll enjoy. These are scattered throughout the book. Each type originated in Japan, where sudoku was first popularized. It consists of a small grid with numbers or other symbols. It has simple instructions. It can be solved with pure logic. And, like sudoku, it is almost impossible to do just one. (You've been warned!)

The sudoku puzzles in this book were created by Peter Ritmeester and the staff of PZZL.com, an Internet-based company specializing in puzzles and games. Peter is the general secretary of the World Puzzle Federation and a onetime director of the annual World Puzzle Championship, which is devoted mainly to logic puzzles like sudoku. The fifty novelty puzzles in this book were created by Shawn Kennedy, a contributor to the Google U.S. Puzzle Championship, which helps select the U.S. team for the WPC. Thanks to *Puzzler* and *Nikoli* magazines in Japan, where all the novelty puzzle types originated.

Now, if you're ready, get out a sharpened pencil, with an eraser (you'll need it), and have at it!

—Will Shortz

How to Solve Sudoku

A sudoku puzzle consists of a 9 × 9-square grid subdivided into nine 3 × 3 boxes. Some of the squares contain numbers. The object is to fill in the remaining squares so that every row, every column, and every 3 × 3 box contains each of the numbers from 1 to 9 exactly once.

Solving a sudoku puzzle involves pure logic. No guesswork is needed—or even desirable. Getting started involves mastering just a few simple techniques.

Take the example on this page (in which we've labeled the nine 3 × 3 boxes A to I as shown). Note that the boxes H and I already have 8's filled in, but box G does not. Can you determine where the 8 goes here?

5	8	6					1	2
				5	2	8	6	
2	4		8	1				3
			5		3		9	
			8	1	2	4		
4		5	6			7	3	8
	5		2	3			8	1
7				8				
3	6			5				

A	B	C
D	E	F
G	H	I

The 8 can't appear in the top row of squares in box G, because an 8 already appears in the top row of I—and no number can be repeated in a row. Similarly, it can't appear in the middle row of G, because an 8 already appears in the middle row of H. So, by process of elimination, an 8 must appear in the bottom row of G. Since only one square in this row is empty—next to the 3 and 6—you have your first answer. Fill in an 8 to the right of the 6.

Next, look in the three left-hand boxes of the grid, A, D, and G. An 8 appears in both A and G (the latter being the one you just entered). In box A, the 8 appears in the middle column, while in G the 8 appears on the right. By elimination, in box D, an 8 must go in the leftmost column. But which square? The column here has two squares open.

The answer is forced by box E. Here an 8 appears in the middle row. This means an 8 cannot appear in the middle row of D. Therefore, it must appear in the top row of the leftmost column of D. You have your second answer.

In solving a sudoku, build on the answers you've filled in as far as possible—left, right, up, and down—before moving on.

For a different kind of logic, consider the sixth row of numbers—4, ?, 5, 6, ?, ?, 7, 3, 8. The missing numbers must be 1, 2, and 9, in some order. The sixth square can't be a 1, because box E already has a 1. And it can't be a 2, because a 2 already appears in the sixth column in box B. So the sixth square in the sixth row has to be a 9. Fill this in.

Now you're left with just 1 and 2 for the empty squares of this row. The fifth square can't be a 1, because box E already has a 1. So the fifth square must be a 2. The second square, by elimination, has a 1. Voilà! Your first complete row is filled in.

Box E now has only two empty squares, so this is a good spot to consider next. Only the 4 and 7 remain to be filled in. The leftmost square of the middle row can't be a 4, because a 4 already appears in this row in box F. So it must be 7. The remaining square must be 4. Your first complete box is done.

One more tip, and then you're on your own.

Consider 3's in the boxes A, B, and C. Only one 3 is filled in—in the third row, in box C. In box A you don't have enough information to fill in a 3 yet. However, you know the 3 can't appear in A's bottom row, because 3 appears in the bottom row of C. And it can't appear in the top row, because that row is already done. Therefore, it must appear in the middle row. Which square you don't know yet. But now, by elimination, you do know that in box B a 3 must appear in the top row. Specifically, it must appear in the fourth column, because 3's already appear in the fifth and sixth columns of E and H. Fill this in.

Following logic, using these and other techniques left for you to discover, you can work your way around the grid, filling in the rest of the missing numbers. The complete solution is shown below.

5	8	6	3	7	4	9	1	2
1	3	7	9	5	2	8	6	4
2	4	9	8	1	6	5	7	3
8	7	2	5	4	3	1	9	6
6	9	3	7	8	1	2	4	5
4	1	5	6	2	9	7	3	8
9	5	4	2	3	7	6	8	1
7	2	1	4	6	8	3	5	9
3	6	8	1	9	5	4	2	7

Remember, don't guess. Be careful not to repeat a number where you shouldn't, because a wrong answer may force you to start over. And don't give up. Soon you'll be a sudoku master!

THE GIANT BOOK OF
SUDOKU

PRESENTED BY WILL SHORTZ

4	5	8	6	2	7	9	3	1
2	6	3	9	1	5	7	8	4
1	9	7	4	8	3	2	6	5
9	8	2	7	5	6	1	4	3
7	4	1	2	3	8	5	9	6
5	3	6	1	9	4	8	2	7
8	2	4	3	7	1	6	5	9
3	7	9	5	6	2	4	1	8
6	1	5	8	4	9	3	7	2

2   Light and Easy

6	3	2	9	7	4	8	1	5
1	8	7	3	5	2	9	6	4
5	4	9	8	1	6	3	2	7
4	7	3	2	9	8	6	5	1
9	2	1	5	6	3	4	7	8
8	6	5	7	4	1	2	9	3
7	1	8	4	2	9	5	3	6
3	9	6	1	8	5	7	4	2
2	5	4	6	3	7	1	8	9

3	2	1	4	5	6	9	7	8
4	9	7	8	2	3	6	5	1
8	6	5	1	7	9	4	2	3
1	7	4	5	3	8	2	9	6
9	8	3	6	4	2	5	1	7
6	5	2	9	1	7	8	3	4
2	1	8	7	9	4	3	6	5
7	4	9	3	6	5	1	8	2
5	3	6	2	8	1	7	4	9

4   Light and Easy

6	4	9	2	5	3	8	1	7
1	7	8	4	6	9	2	3	5
5	2	3	7	1	8	4	9	6
8	9	6	5	2	7	3	4	1
2	1	7	9	3	4	5	6	8
4	3	5	6	8	1	7	2	9
7	8	2	1	4	6	9	5	3
9	6	4	3	7	5	1	8	2
3	5	1	8	9	2	6	7	4

	7	8			5			
1	3			8	6		9	
		5	3	2	1	4		
		6			4	3		
			1	6	7		8	2
	1		9	3			4	6
6	5			1	2			
4		3		7	9			
	9		5			6		7

	5					2	7	6
		2	5		3			
4	7	9	2	6			3	1
9			1	3				
		1				6		
				2		9	1	
	4	5	6		1			9
2	3	8	7		5		6	4
		6	3	4				7

Light and Easy　7

	2	7		1			6	
		9	7		8			1
			9	6			7	
2			5				8	
5	1	6	8			7	9	2
7		4	6		9	3		
9	7		4				3	8
4		8		9			5	6
	5	1						

8   Light and Easy

2	4			7			9	8
	5		6				3	
	3			8				
6					8	3	4	2
		5		4		9	6	
	2	4					8	5
5			9	1				
4	7	3		6	2	5		9
			7	3	5	4		

		1	8				9	2
6	9				4			
8	7	2	1				6	
		5		1	8			7
7	1	8				6		
			6	7	5			
3				4		8		5
	4	7	9	8	1	2		
1				2			4	9

7		8	4	6				
		5			8			2
			5			9		
8			2	4		5	3	
5	6				3			
	3				7	2		9
2	5	6			4	8		7
	9		1		5	4	2	
4			6		2		9	5

4	9	6		5		7		8
	3		4					9
		1	6			5	4	
			7			4		6
8					4			
9	4	5		6		8		7
3	7	4	5			9		
						3		4
	8	9	3		2	1		

12　Light and Easy

						7	9	
		8			4		3	
	6	9		8	2	4	5	
			2	4			1	
7	8				3			4
2			1		9		6	
	1	2			7	5	4	3
4					5			
8	3		4	1		2	7	

4	2			3	7			1
7	1		2		5			
9								6
6	3		8				9	
8						1		
2	7			4	9	3	5	
						8		5
3		2		5	4		1	9
	6	4			8		7	3

				8	3	5	7	
			1		7	6	4	9
	7	5		9			8	
				1	8			7
	1	8		3		2	5	
5	3		2					
	2				1	8		
			3	2		7		
7			8		4	9	2	3

		4			1		2	
	6		3		7		9	
		9		4	2	8	1	7
6	9					1		
1			8	2	6			
5	8		1	9		6		2
								3
			5	7	3	9	6	1
			4		8	2		

16 Light and Easy

3	8			4			7	
				7			3	8
		6	9	8		5	4	
4	5		6					9
6			4			2		
	2				9		6	5
8				5				
	9	7		6	2	8	5	
	3			9		1		

Light and Easy

17

	6	2			1			5
7	4	9			3	8		1
			2	8			6	9
2			8			6		7
1				3			8	4
	5		4	7				
						3	4	6
				4			5	8
			6	8				

18 Light and Easy

		9	7	5				8
						1		
	1		6	2	4	5	9	
9							1	3
	2				3			
4					5		2	9
	8		9	1			4	
6		2				3		1
		1		3	8	9		6

6		1			5	7		9
	5		6					
8								
5	3	8					2	
		7			3		9	
	4	9	7		8		5	6
			9	3		5		
9	7	5	8		4	6	1	
3					7			

	1				6	7	9	4
	8	9	4	2			1	
7		3				2		8
		7		2		5		
	2		1		5	8	7	3
			3				2	
							8	
				5	4			7
9					3			2

	7	6			8	1	4	2
	8	2		1	4	5		
7		8		6		4		
6	5							
3	2			7			8	
	9			5			1	6
8			1	9		3	5	
				8		9		

				9	1	6	5	8
				2	5		4	1
	5	4		7				3
	7	3	8			2		
9	1			5				
							9	
	8				7	1		
7			5		6	4		2
						3		5

		1	8			7		2
		2				9	5	
5		7		3		4		
3		9	1			8		
			6			1		3
				4				
6			7		2	3	4	5
	1							7
	7	5	9				8	

8		5	1	2		7		4
		2						
						3		
				1		9	3	5
				4				
6			8		9	1		
		8		3	2	4	1	6
	4			6	8			
3					1	8	9	

			2		1	8		
		5	8	6			3	2
4						9		
				7				
	3	8	4			2		
9		7				5		
		6		8	4	1	2	9
1	7						5	8
			1				4	

26   Light and Easy

	3	1			7		4	
		7					9	
	8				4		3	
		8	5				7	
			7	9		1	6	
	5	9			6		8	
	6			8	2			
		5	6				8	1
8		3						

		6	2					
	2		5			4		
9	1					6		
2	9			8			4	6
	4						9	3
3						7	8	2
	3				4	8		7
	6	4		9	1			
				7				

5			3	4	6	9		1
				1		5	7	
		1	5				6	
								7
					7	8	3	5
	1				9			6
	2	5					8	
	9		4					
1		8		9	3			

1	3		9		4	7		
	8		7	3			1	
2		4			6			
9			5				2	4
							7	
	1		4					3
			8	9	5	3		
8	4					6		
		7						8

	7		5				9	8
2	5		4					1
				3	9	4		
	4	7	3				8	2
	3	1	8			9	7	
					4			
3	9			1				
7				2				6
1								

			7					
			5	2				
		1		3	4	5		
3	9	8		5	6			
2		7	8		3		5	
								6
1	7	9					2	
		5			2	6		9
		3		9		8		

2	1			5	6	3		
	8	9	4	2			7	
						1		
			5	9				
6		8		1		9		7
		1	2					8
				3		1		2
		3				8		6
9	4							

3	7	5			6			9
6				1				3
		1		5	2			
					1	4	9	
	9		5			1		
		6				3		
				2		7	5	
	1				9		8	2
		4		8			3	

34 Light and Easy

			3			2		1
2							4	
9	3		4					8
					3			
	6	9	5			1		3
5	8			6			2	7
	7	8				9	1	4
	4		7		8	5		

2	3		9	5	1			7
6						4		
	8							
		2	6				9	
	9		5					3
	5			9	2		6	8
	6		1	3		8		5
			2					
9						3		4

4			2		8	3	6	
			3	6			1	2
			5		9			
		6				4	7	3
	9					1		
2						8		
1	7	9						
3	6			8				
		8			7	9		

			9					
8				6	4	1		
7	9	6				2	5	
	5	7				6		3
	1							
3			6		8			2
			3	9				
5	6			4		9		
			2		1			6

38   Light and Easy

			1		9	2	5	
1					3			
	4	5					6	3
					5		9	
		6		8	7			
	7							2
	6	3			8	4		
	2			5	4	6	7	
		4	2					

	6			9				
8	2		7	1	3			9
1								
	8			5		4	7	1
	5	4				2	8	
2		6	4			9		
	7						5	
			3			8		
				4				3

40 Light and Easy

			5		2	4		
					3		5	
		6				8	9	
7				3	8			
	2		1	6				
4		1	2		5		6	9
5			8		4			
		3		1		5		
6								4

	3			4				2
5				3			4	
		8	5			7		6
9	2	6					5	
				7				9
						8		
		3	4	2		1	9	
8				6	7			3
	9				5			

			5		2			8
			4		9			2
5	1			6			7	
8		7			4	3		
		3		8				
		5						4
			6	9				1
	2				7	8		
		9			8		6	3

4				6	5		1	2
	1		9	3			7	
2	3				4			
			8	2				
	9					8		6
5			3				2	
8			2			7		
9				4			8	
		6		1				

44 Light and Easy

		2		7			1	
8				2		7		6
7		4			1		9	
1								
		3	5		9	2	8	
4						9	5	1
		6				1	3	
					2			7
					3	5		

		1	9			4		8
	4			8	1	3		
	7					6	2	
			1					
6	9		3	5		7		4
7		8		4		2		
	2							
			7		3			
9		5				8		

46 Light and Easy

6				7	3			
		7	1					
9			5	2				
				6			1	9
	4				7		5	8
2	9		8					
		2		3			4	
1				4			6	
	5	3		9			8	

8			9					2
6							3	9
		4	6		7		5	
5		6		1		2	4	
		8			4			
4	9				3			
			3		1	7	6	5
							1	3

	9					3	4	
6	1							
8		4				7	1	
				8		2		9
5					3	6		
	3			1				
	2	5		3	8			4
				5				3
			7		6	9		

	3						6	
	8		3	4				7
	2	9	8					
2			6			7		3
		6	4				9	
							2	5
			2		1			6
		1		7		4	8	
8	9							

1		9				6		
			6			8		7
					1			5
		2	4			3		
9			1	2				
5		8	9			2		
	2			7	5		8	
7	8	1		6				4

Up & Down

Fill the empty squares with digits (either 1 to 7 or 1 to 8, as indicated above the grid) so that no row or column contains the same digit twice, and so each thickly bordered grid piece has its numbers in numerical order (either increasing or decreasing, though not necessarily consecutively). Not every digit will appear in every row and column. The example on this page only contains the digits 1 to 5.

EXAMPLE [1-5]

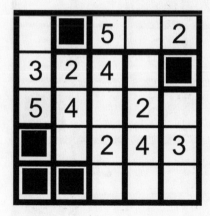 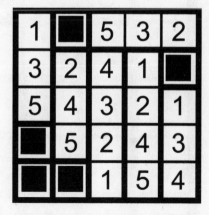

1 Up & Down

[1-7]

4			■	■	3	1
	3		6	■		
	2	7		3		5
		1		6		■
			■		4	7
		4	3			■
	■			7	■	■

[1-8]

3   Up & Down

[1-8]

2		6		8	■	1	■
■	3	■		6	1	5	7
	4	■	1				
5		■	2	4	8	6	3
		7	5		2		
7		2		■	■		8
■	2		4	5		8	6
		4		1	■	■	

[1-8]

■		3			■	2	■
	■	■	2		5	6	
3		■	1	4		8	5
		1				■	4
6		■			2		
	5	2			7	3	
	6				■	5	■
■		6		2	1		7

5 Up & Down

[1-8]

3		5		■		2	
■			6			3	■
7	2	■		■	3		
		7	3			■	■
	7		8		2	■	3
4			■	1		■	6
2	3				7	■	
	■		4		6		

[1-8]

1		5		■		7	3
	■	■		6	4		
	5	■		3	6	■	7
	6	■			3	■	5
■		2		7	1	■	■
8	■	6	3		5	1	
	4		1	■		5	
2	■		5	8	■		

7 Up & Down

[1-8]

	4	1	■	■	6		2
				1			4
						4	
■	8	3		■	■	2	■
■		■	■	5		1	■
1	5						7
6			8		5		
	1		■	■			3

[1-8]

3		7	■			1	■
		2	4	8	■	■	
		■	■	5			
5		1			4		
	6			1	■		
2		■			5	4	■
■		3			7	■	■
		5		■		6	

9   Up & Down

[1-8]

		7		■	2	4	6
	■	5		3	■	■	
	8				7	■	
			1	8		■	
		1	■	■			7
5		2			1	3	8
	2		4		■	6	
2						8	1

[1-8]

■	2		5		8	■	
	■	8		■	5		
	■	5		8	3	4	
5	■	4			1		
3		■			■	7	
2				6	7		
	7	■	3			■	
■				4		■	3

	8			6			7	5
		7		3	5			4
3					2			
	5				9			7
9			1	2		5		
						2	3	
6		1					4	
				7			8	3
	2				3			

1		6			4			7
2							5	
8			6	5		9		
				9				
		8				2	1	
		5	1	2	8			9
		1		6				
3	9	7	8		1			
								3

5					2		8	
				1				2
	2		5		9			
				8		3		
4		7	3				5	
6		5			7	2	4	8
	1	2		8			7	
3								
	5					6		

3		2	1	7				5
		6	2					
4		7	8		3	2		
	4		7		5			1
7				6				8
	1		3		8			
9						6		
		5	6					
								4

55 Light and Easy

		1			9	5	6	
	7				6			
					4			
				2	1		7	
		3	4			9		
6		8						1
	5	7					9	
		4		9	3	1		7
	9			8		6		

9					4			
2								
3	6		5			7		8
				5		3	1	
					3			2
		6	2	4			9	
	4					1		7
	5	3	7	8		2		4
8								

4	6						8	2
			6	4	5	1		
								5
		9		5				
8		6			1		9	
					8			3
1					3	7		6
		7	2					
			7	8		3	5	

	3	5	7		4			
	6				3			7
4			9	1			8	
			5			9	1	
			1				3	
		8			2			
		6				3	9	
				6		7		
			8	2		6		1

59   Light and Easy

			8	7				
		9			3			
			2		4	9	5	
	5		1		8			
9		7					8	6
6								2
	8	1						5
					2	7	3	
5			9		1	4		

6		9		4				
		3	8			2		4
8		2	5		7			3
7			6			8		
9		1			3		5	
		8				6		
			7			1		5
	1			9				
								7

2	1		7	6	4	9		
	3							
		4			1			
	2			1	3			8
		3		4			6	
					5	7	9	
			4	2	9		5	1
3			5				8	

			6	5			4	9
5	6		9					
		8						
2	5		7				6	
	7			9	4			
4				3		5		8
		1						2
			8		9		1	5
			3	7				

63 Moderate

7			8				3	
	5			2		1		
		6				7		
				5				
3	7		4					6
2		4						3
8						6	7	
	4	1	3	9				5
	2		1		8			

4	7	5	3	9				2
		6					5	
							9	
					1	6		
2				6	5	4	1	
				2	7			
6	3		2					
							8	
5	8	2			6		7	

4		5		3		6	1	
		9	6		5			7
8			4				5	
				4	2		6	
9			8					4
		2				3		
	2							
	1					8		
3		6			1	5		

	1			6				
				9			5	8
4		8		2				
	6				4		7	
7		3						
	9	1	7		3			6
	2	6				3		
		7			2			4
			8		1	2		

8			5		7	6		3
2	3	9			1			
	6							1
				5				
	4	1				7		9
7		6	9		5	4		8
		8			4	5	3	6

		3						1
		5	3		4			6
		6		5			9	
			7		8		3	9
2	4		1					
		7		4		6		
				7				
9			4	6			5	
1				9			2	

4				8				
2				1			4	6
			5	6			8	
3	1					6		
		2	4					5
					9		3	
		9	3	7	5			
1	3		6					
			2	4		9		

Moderate 70

	4							
	3		1				2	
1	9	5	8				4	
					4	1		
5		2						
	7	9	5			2	3	
		1					9	7
				1				
			7	8	2	6		4

					4	6	7	2
9	1							
2	4			5	6			
	5			7		4		6
8	6			2				
				9				
							5	
							3	9
4	3		5				6	1

	8	4	9		5			
7				3	6			
5	6			8				
		1				5		
3			5					9
			8	7				
8	2			1		7		
							1	5
		9	4			2		

73　Moderate

	8				4			
1	4	5						
			9	6				5
	6	1	8		2	9		
7					3	4		2
				7			5	
	3					2		
		4		8			9	
					7	1		

	4			9			2	1
6			7			4		8
	2			4	1		9	
								6
	9				6		5	3
	3				8	5		
		4		5			1	
		5	9					4

				8				
	6			5	7	1		
	2		3			6		
				6		3	7	
	5							
	1							4
	4			8			3	2
				5		4	8	
3		8		2		9		5

9			2				7	
		5			7			
			4				3	8
2			1		5		9	4
6			7	9		1	8	
					8			
	8		5			4		
					1			
7	1					2		

		7						
6			5			9		
5	3				8	6		
3			1	6			9	
							3	2
		2			3	1		
	7			1				
		1		7		2		
2	9			5				8

	9		7		5	4		
		4			6		7	
7		5					9	
			3				8	9
							3	6
2		6		8				5
6					2			
1							2	4
		7				3		

			4					
3			2		9	1		5
		1		5			9	2
	3				7		8	
		8		6		4		
2	5					3		
					1			
7	9	5			8			
				4			7	

		7		6	5			1
		9		7			5	
								4
		3					1	6
		8	4		6		3	
	9	4	7				8	
	2	6						
	7							
		5				8	7	2

			9	7				5
	6			5		3		
	7			2				
		5					2	
6				4	5			3
1		4					6	8
		7			9		1	
			4				3	
2	9				7			

								7
	6		3		7			1
	7	9	1	8			4	
6				9			7	8
		8				3		
		1				5	6	
5	1							2
8		6						
					8		9	

83 Moderate

	3	1						
	7			9				
5				7	2			
4	6		1				5	
		3		5		4		8
9								2
			9				3	
3						8		1
2	1				4	9		

		1					3	5
2				3				
			6		7			
	1	9			2			7
6					1			
	5		9	8				1
7		2			6			
8							9	2
1		6		5				

85 Moderate

6		7			1			9
				2	8		4	
		8						3
3	6					9	8	
			6					1
		4	3				5	
				6		7		
			4	7				
7		5	1					2

5								
	6	3						
			8					5
				6	9			
	7					1		
4	8				1	6		9
2				5		4		
	5		7			2	1	
		9	4		6			3

	1		7	2		5		6
		9		1			2	
					3			
						1	3	
8	4					7		
				8				
			4	9			7	
					2		8	3
		5		3	7			9

8		1						
		7	8	3			6	
4		9	2	6				
		3						1
				9		5		
	5					6	4	
					7			
			9				1	8
	7	8		1		2		

1		3			2		9	
				5		3		8
						7		
8		4	5	3				
		1			4			9
								1
	4		7			9		3
		2					6	
			9		6	4		

	4							6
			6		9			
1					8			3
4		2					5	
	9		7			3	1	
7			8	9				
2				6				1
		6	9		2		8	4

Moderate

5	7	3		4	2			
		2			6			
								7
4	9		1				7	
			9			5		
				7		8		6
3				5				
					3	7	8	
		4				6		3

Spiral Galaxies

Divide the grid into regions along the dotted lines so that each region contains exactly one circle, and so each region is rotationally symmetric, with its circle being its point of rotation. That is to say, considering each circle as a fixed point, if you were to rotate the region 180 degrees, it would look the same as it did right side up.

EXAMPLE

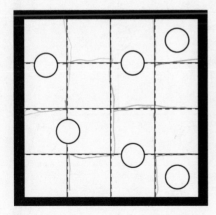 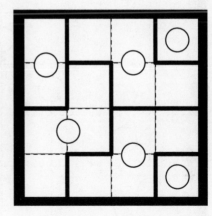

1 Spiral Galaxies

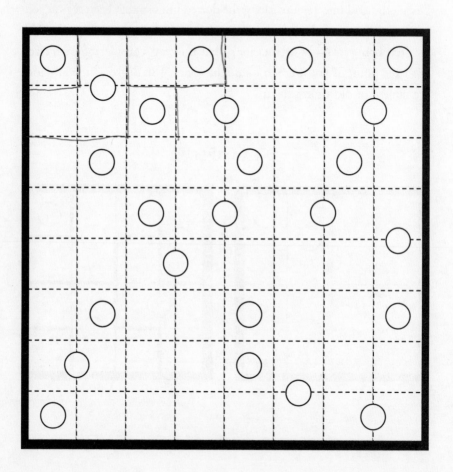

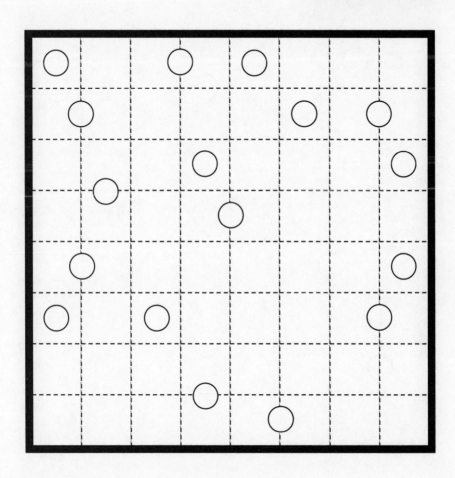

3   Spiral Galaxies

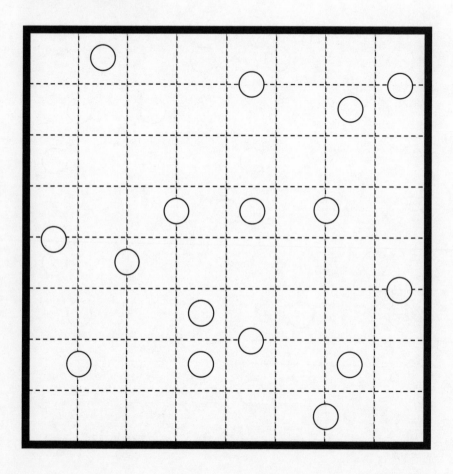

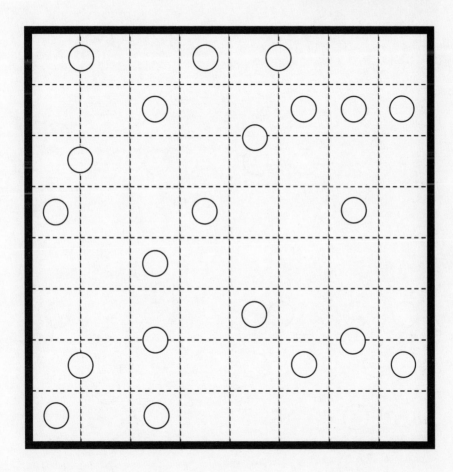

Spiral Galaxies

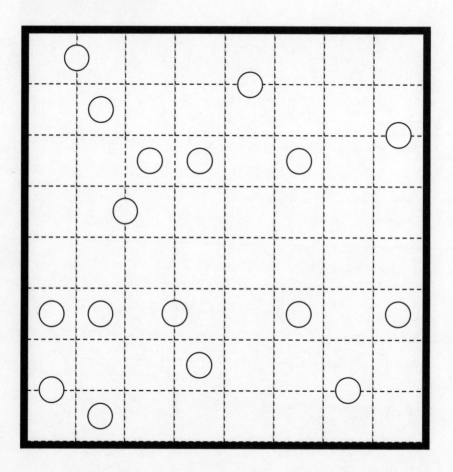

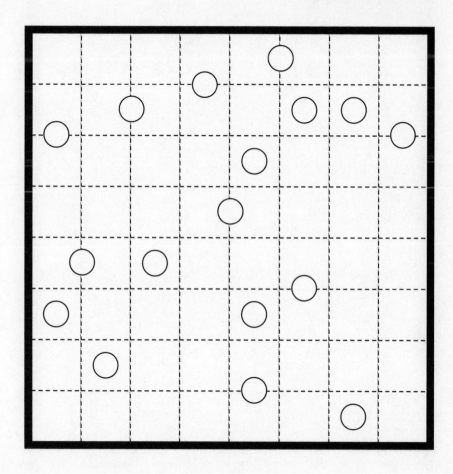

Spiral Galaxies

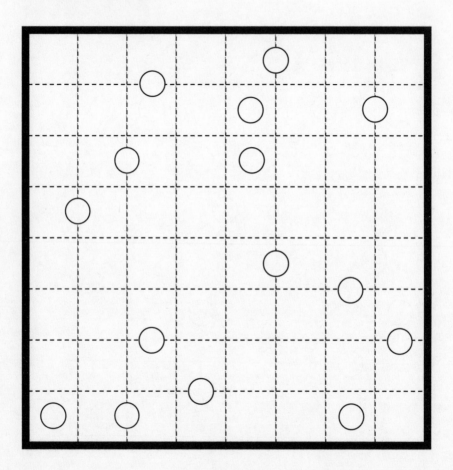

Spiral Galaxies

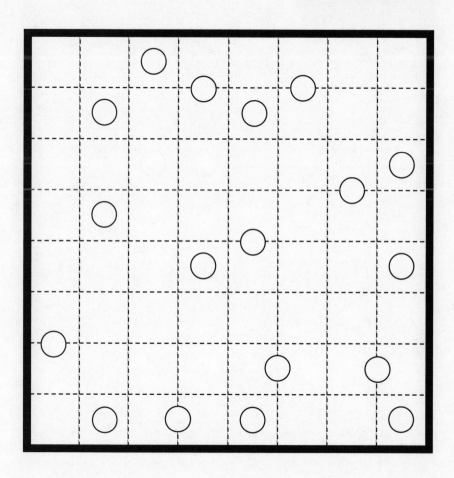

Spiral Galaxies

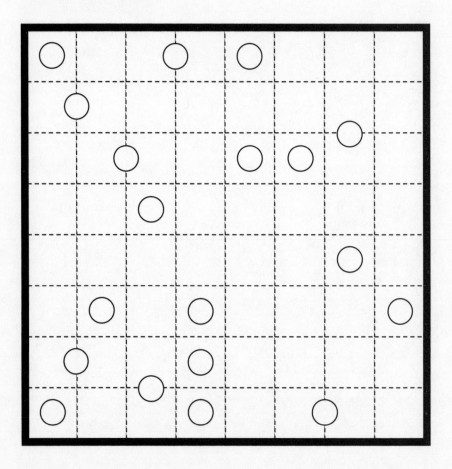

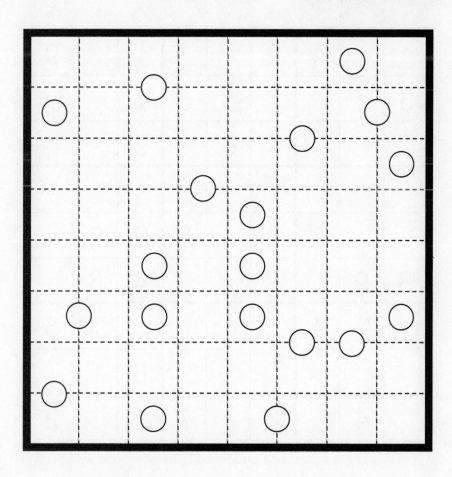

92 Moderate

		4	2					9
3					5	7		
7			4	6		3		
			1		8	2	9	
8	9					4	6	
		1						5
						8		
	4		3		7			2

		1					2	
			5			8		9
7	6	8		4				3
9								7
			2	6		9		
	2				8		1	
4					6		7	
8		7			5			
	5							

Moderate

							1	
				4	3	9		
	9		1				3	2
3	7	8		9				
	6			1				
	2				4			5
						1	4	7
	3				7	5	2	
		9						

3	2				6			
			3					5
		6		4	5	8		
5					3			7
			6		8		4	
4	9			1				
	4							
			1					
		3		2	4	1		6

96 Moderate

			8		9		7	
				5	2	8		
	8	7						6
	4							5
			3		1			
		9				3	8	
2		8	1		6			
	5						4	8
4	3							

	7		6		1			8
	1			5			9	
		3				7		
						6		9
6		7		1	9		3	
			3			5		
		1	4		3			
4		8						5
					2			

		7		6				1
								2
		9		4		8		
7		6		1		4	5	
3		4			8	2	6	
		8	1					
4	6		8	5	2			
5								

9		6	7		8			4
5	1	4					3	
2	7							
		9		7		1		
		1	9			6	4	
1	5						2	
		5						
		2		6				1

	7	9	6					
	4						9	1
			5		3			
3	5		2	4				
	2	8	7					
	6				5	4		
							5	4
				3		6		8
2								3

						7	4	
	5	8	4			3		6
6						5		
			5					
7				8				
				4	7		3	9
	4				6			
	3		1			8		
	9			2				5

102 Moderate

5								
		9	2		6		3	
2		8		9	7			
7			1			5		
				6				
	9			3				
6	7				3		5	
					2			3
				8		7	6	

				2		1		
		2					8	9
		6			4			
		9	2			5		
6		5		8			4	
								8
1			4		5	3		
	4					2	6	
				1				

								5
					7			
		3		8			6	
				1				3
		4	5	6			2	8
2								1
					9			
5		6	4				7	
1					8	9		6

9			3				6	
		6	1			2		
7								
5			7					
4	2			9	3		8	
	1			4		3		
			8			1		
		8		7			9	
								3

106 Moderate

			2		9			7
6	1		3	5				4
						2		
			4				9	
3	5	7						
2								
	4				2	7		
		8						
		5			4	1	3	

		7		6				8
	8				4	5		
								1
	9		2			6	3	
			4					
3			1	7		5		
	6		8				9	
7		8						
	5						1	

108 Moderate

	8		2					
5	6							9
	7	9		6				
8				7		3		
6	9		3				2	
		3	9		1		4	
								8
	5				4		3	

	6						8	
2						3		1
				5				4
	3				5			
		8	9		1	7		
4						1	2	
1	8							
								2
7		4	5				6	

110 Moderate

	8				4			
1						3	9	6
			9		2		1	8
5						6		
			1	8			2	
	7							
					3			7
	1							9
		2	6	5				

9				8		1		
		6				7		
		4						8
			3				7	9
7	8			6				1
			2			5		4
		5				8	6	
					5			
			4					2

			6		8	1		7
		3		7	9		2	
5								
		4			3	5		
			9				6	
		1					7	
	4			8				
	6					7		
			3	1	2			

6				7				
	4				6	5		
		9	8					
			1		7			9
	1			2		3		
8						4	7	
		2	3			6		
					8			
4			5			9		

Moderate

2				1				6
	6	4						
		5						8
	3			6	8			4
		9	5			2	7	
7								
	9	8						1
					4		2	
			3					

1						3		
9	2					4		
	4			3			6	
	6		2		1		5	
				4	5		7	
								9
				7		2	9	
		1		5				3

116 Moderate

		3	9				8	
	6							9
7			1				4	
	3	5			6			
		7					5	
2								7
1						7		
					2			6
	4			5	3			

						7		6
				6	1			
						8	9	
		7						
					6			
		2		7				4
1	8					3		2
	4			8			6	
2		9	5					1

		5					4	
						1		
		8		6	2			
		4			3			
1				5		7	3	
	9							
		6		7				4
					4	9		
	3				5		6	8

				6		3		7
					8	5		
8	1			5			4	
	3		9			8		
				8				
4						2		
5			2					
9			3					1
						9	3	

						5		7
2		8		6				
6			5				2	
	9		4	5	6			
	4					3		
					2			
					4	1		6
			9			4		
	7						5	

2					9			1
9							3	4
				4				
1		7			8	2		
	2	8	1		5			9
	5		6		1			
			8				6	
			4	7		8		

122 Demanding

6	9					7		1
								3
		8	9		4	5		
	2			1	8			9
3		6	4					
		7	6	2				
								5
	5			8			3	2
		4						

					4	3		8
	2					6		
			6					7
		8					7	2
		1	3			9		
					9			
		6	4				8	
	4	2			3			
3			8	1	7			

124 Demanding

		9					5	
6								9
	3		7	6				
	1							
5					2		4	
3		7	8			2		
8								
4			2				3	
				3		6	7	5

	6							
		5	3	2				4
	8				4			
	9							1
5			2			8	6	
			7			3		9
						4		
7					5			3
2			8	1			9	

	3	2					5	
					8			
			5	6	4			
4	5	6				2		
				7	8			
								9
5		9	4			6		
			2	7				
		3	8				1	

		2					3	5
	7				9		4	
			6				9	
				3	5			8
3	5		9		2			
2					1			
	1	5						
	6						1	
			7					3

5								7
				6			1	
9					1	6		
	2				9	8		
		7	8			9	3	4
		3						
8				1		2	7	
		9		3		1	5	

								1
	6					9		
	1			2	8		4	
3		2	5	1				
			9			8		7
					3			
				7				5
	5		1			3		
7							8	9

			8	9	5		1	
		9		3		6		4
3			1			5		
		4			8		6	
					4			
1	3	8						2
	2			7				

Alternate Corners

Draw a single, continuous loop that moves horizontally and vertically from square to square so that every other right-angle turn is in a circle (and every alternate right-angle turn is *not* in a circle). Every circle will contain a turn. When you're done, the loop will visit each square exactly once.

EXAMPLE

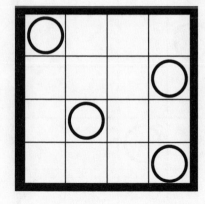 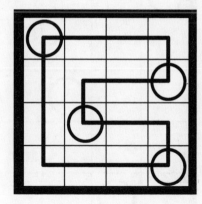

1 Alternate Corners

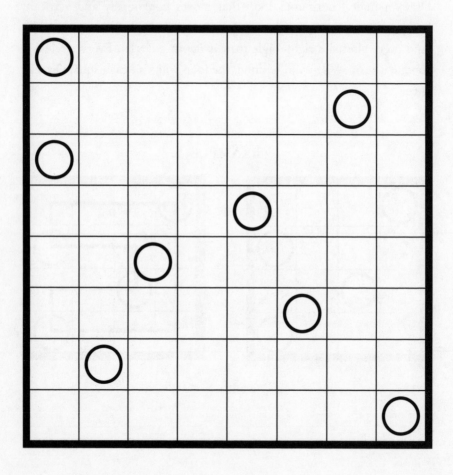

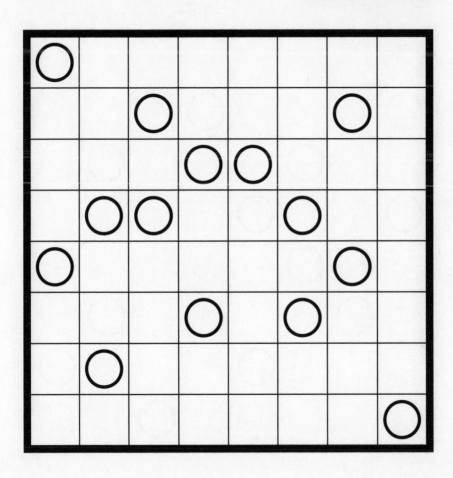

3   Alternate Corners

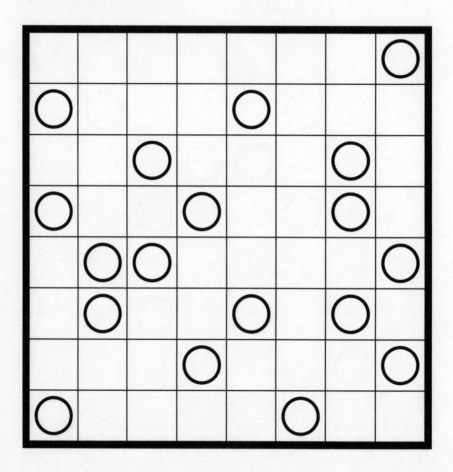

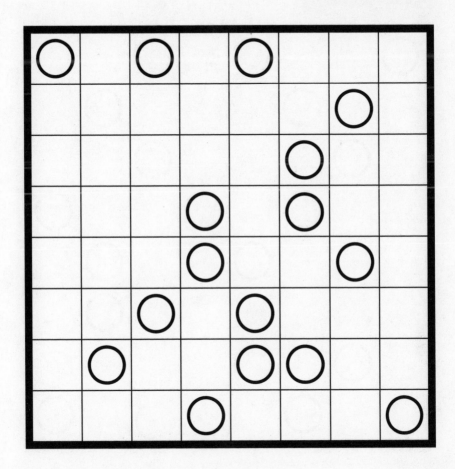

Alternate Corners

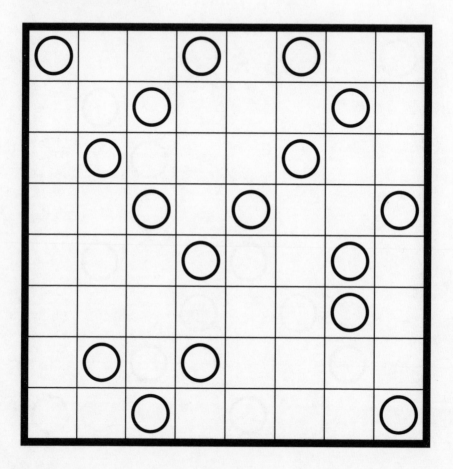

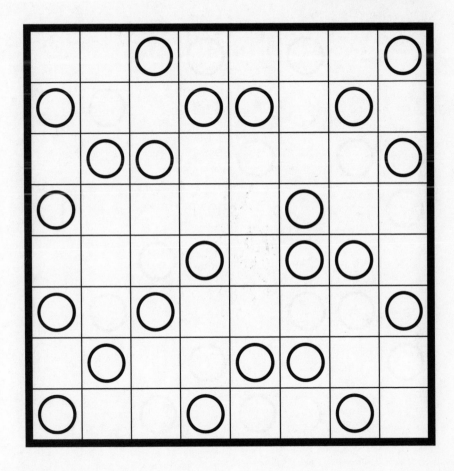

Alternate Corners

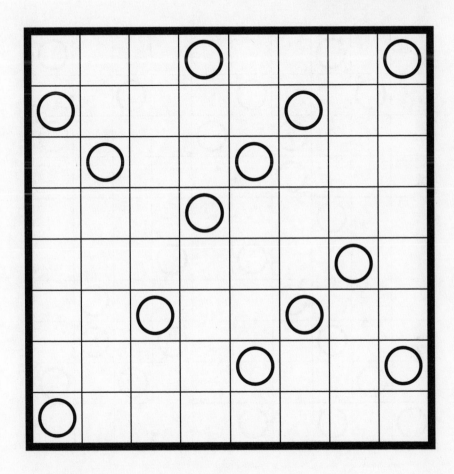

Alternate Corners

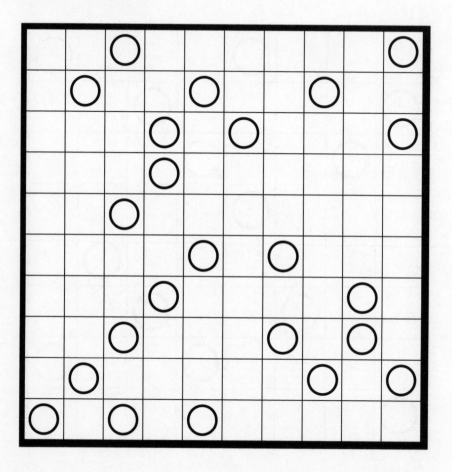

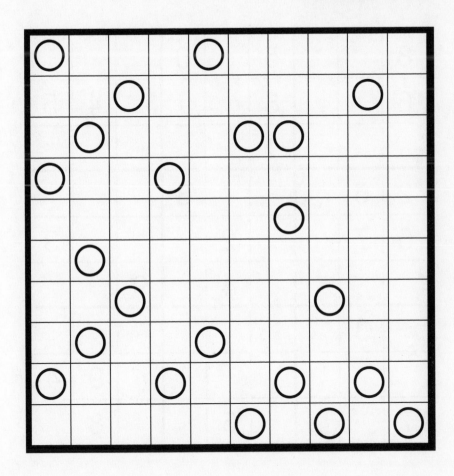

8			5		6			
6			8				4	5
			1					
2	6				8			
5	7			2				3
				4		9		
	3							
							9	4
7				5			8	

							3	
4	7							
9				1				
		8	1				2	
2			5					7
		3		6			1	
		5		7				2
					5			9
		7	2		8			1

133　Demanding

	4			5				
1			3				4	
		3				2		9
						8		
	9	2		4		1		3
					6			
8							6	
			2				3	8
	6		1			5		

							6	2
		5		6				
7	4		2		5			
2								9
	5	4			9			6
					3			
		3	6		8			7
9				5				
				3			1	4

	6		7				5	9
5						4		
			4		3		8	
		8						
			3				4	
	5	9	2	8				
		6						2
	2		5			8	6	
4			9			1	3	

		5						1
			9		4			
7	6						3	8
5	8							4
							7	5
9			6					
6	7			8		4		
		8			7		5	
			1	9				

137 Demanding

	6							
8	7		9			1		
						7	9	4
		4				9	7	
5					8			
		2			9			1
			1		5		4	
			2	7				
						6		

		5						
4					5		7	8
6				1				4
9	2	3		8				
		7						
					1			5
			6	3				
	9					3		
	8				4	9		1

139　Demanding

	1		9			8		
		5					3	4
				6				5
			4			2		3
3							4	7
5								
8						4		
6				8	7			
9					5			6

		1				6		
	4		6			3		
5				8				9
4		7		2				
			1			4		
	2		3				1	
					3			
7							4	
9	6				7	5		

141 Demanding

			3			9	7	
					6		8	2
						3		1
	9		2	3				
				7				8
			4					
4		5	9			8		
	7		6				5	
2			5			4		3

Demanding 142

			3			4		
		5					1	6
				6	4		3	2
3		4			6	8		
				7				
9					5		4	
	5		9		3			
	6		2					
				8				

143 Demanding

9				2		3		
	1		7					
				8		5		4
						1		
3					2	9		
		5		4	8			
		1	6					
2				9				
		8		5		6		9

						9	7	
			6					8
4				8	3		5	
		3		9				2
5			7		4		6	
1	3		9					
		8				5		
	9	4	2			6		

						2	5	
	8	3		4	1			
	1					3		
		5						4
	7		4		9			3
			7	6		8		
1				2	8			
						1		
	9	4		3			6	

3			9			2		
9							3	7
4		1		8				
	9	5						
				2		9		
				6		8		
	6		3					5
2		3			1			
			7	9			6	

147 Demanding

			5		8			
3			9			6		
	1						5	
		3		4			1	9
	9				5		3	
	4							
		7	6					
		1	4	2			9	7
	3	8						

	5							
		7					6	3
				1	7			
1								9
4		2	5			6		
3			2				4	
	1				8			
		4		6	3		8	7
							9	

149   Demanding

	8				2			
					1			4
5	1	9						
1	9		6					
				9	4	6		1
		4	7				5	
				4			3	
						8		9
	2				5			6

		4						
	5		2					6
		2	3	6				
								3
							1	2
2	1		7					9
			9		3		8	
	9	3	8			7		
	8				4			

Demanding

		8	5		3			
4			7					9
6	2						4	
	4						7	
		9				3		
	3						1	2
1			4					
	8			6	2		3	
						8	2	

Demanding **152**

		3				6		
1		8		6	3			
2						7		
	1			7				3
	4	6		3				1
8			1					6
3					2	8		9
				4	1			

	5			8				
	6		9				7	
					3			8
			7				9	
7		4	3			2		5
			2		4			
5	3						8	4
6	8							
1		2						

					4			
		6						
	5		6	8			3	
	4			9		5		
	3			1				4
8	2			5				7
			5		8		9	
		7						
5	8	2				7	6	

155 Demanding

			3			1		
3	4				1	2		7
	1				2	4		
		7			8			
		6					8	
			5					
	3	9					4	8
7			6			3	5	

						3		8
		3				2	1	
7	5							9
	7		9	3				2
	9			2	7			
		6		1				
	1					9		
2					5		8	
4			6			1		

	2				3		6	
7			2			1		8
	6		8				1	7
	3	9			6			
8	1					9		
2				8	7		9	
			4	2			7	
								3

				1				6
8					4	3		
5				8		2		
	3							2
		9						4
		8	1	2		6		
7	8		6			4		
		5			9			
					3			

159 Demanding

		9	4	5	7			
2		7		8			3	
				6		8		
1	2	6					5	
						1		6
					9	7		8
9		8		4				
		1	6					9

Demanding **160**

	8			5			6	7
			3					4
	6			7			9	
		4				1		
	9		6		1		3	
8	3				2			
				5				
							1	3
		9	7			2		

9			4	3				
				9	1			
						7		6
			5					
3	6	5						
8		1		2			3	
				7				5
				8	9		2	
	4	2						

				9		8	5	3
		2						
6					3			2
4				1				9
		7	9	2		3		
	5				7			
				4			7	
					2			
	9		8				6	

163 Demanding

		9				2		
		2	7	5				
	8				2		9	1
						1	2	
3				8			6	4
5	6		4					
2						8		
		5		3			4	
			8					

9					4			
				8				1
3						7	9	8
		8	6					
						5	6	
1		6			9		4	
					7			
8	4			3	1		2	
	3			4				

165 Demanding

		8					4	
			6	2				
		5	8					
			5		6			8
1	2							9
5		3				7		
9				8		1		
					1			
3		7		4	9			5

			4					1
				9				6
	3		2				4	
		9		5	8			
		3		6		2		
					4	7		
	5		6	7				
8								
		6			5		3	9

		9		4				
				9	8	7		
2	1			3				
	3	5						6
	2						3	
8	6					9	5	
					5			
	4					2		
		7	8	6		1		

9			2	6			5	
			8		7		3	
8					5			
								2
5							8	
		3				9		7
		5		7		1	6	8
7								
6	8		4	1			7	

169　Demanding

4	3			9				
		6					2	
1					3	5		
	9		6			8		
3				7	5			
		7			8			
	8					6		9
							1	
	2		4	5				

9				7	3			
	7	4						
3							8	
1	5			3		7		2
2			5				1	
				6		9		
							5	
		6	7		1	4		
			2	8				

					1		8	3
		4					7	6
		1		2				
						9		
	7			6		3		1
1		9		8				
2			9					
		6		4			5	
	8							

Snaky Tiles

Divide the grid into snakelike strips that are one square thick throughout and that never turn back on themselves. A number indicates the length of the strip that passes through that square. Each strip must contain two such numbers (always the same), and these numbers cannot be in adjacent squares.

EXAMPLE

ILLEGAL STRIPS

1

Snaky Tiles

			7	7			
				5	5		
	5	4	4	8			
7	5						7
7			4	4		5	7
		8				5	
		5	5				
			7	7			

Snaky Tiles **2**

7						7	10
4		9					
4		4					5
		4			5		6
	8						4
			7		6		
	9	8		10		4	
				7			

							9
	5			5			7
		10			4		
			5	9		5	
	10					4	
	6		5	7	7		
	7					5	6
		6	6				

		9					4
5							
7	8					4	
		5	8	7	9		11
					7		
	6				6	7	
	7	7	11				

5 Snaky Tiles

6		8					6
9		6			6		7
5					8		
					7		
7		5	7	9		7	
5				4		7	
			5			4	

7					12		
	5					8	
	9						
	5		7			7	
				12			
		8	7			7	
9		7					9
9							

Snaky Tiles

	5						
	6		10	11			
5				8		5	
					5		
8					11		
	4	6			8		
				7			7
	8	4		10			

		20	7	5			
		4				8	5
	4		6			20	
					7		
	8						
	6		6			8	
				8			6

Snaky Tiles

		7			6	12	
		6				7	
7	7	7					5
		10					
		10			10		
		10			12		
		7					5

	6						
					9	4	
		8	8	6			
				8	4		
	8		8			9	4
5		8					
	4					4	8
		5	4	8			

172 Demanding

	6	9				8	7	5
7	4				3	9		
				6		2		
	3		1					4
8		1			9			
			8		4			3
	5							
	1			5			2	

		1						
6			3		4			5
7	8		9					1
9	2	3	1	6				
				8		5		
	3			7	1			2
				3				6
5						9		

174 Demanding

			3	7				5
4	5							8
			6					
				3				7
		3				1		
9	2	4			1			
						9		
2		6					5	
	1				9	8		3

1				7		9		
			1		6	7		
3	8		9					
			5	4				
		2						
7	5	1				8		
					3	6		7
		6			5	2	8	
2						5	1	

	2							
			4					
4		3	9			1	7	
9		5	1			8		
								2
				6	5			4
	8	9	3		4			
		1	2					
	3					6		9

		2	8				9	6
	8				1			
				3				
	6				9		5	
		7	3					2
					7		4	
	3					7		
	5			7		9	6	4
	2				8			

178 Demanding

		5						9
6		2		3	8			1
			1					2
	9		5					
	7					3		
				7			1	
8		1					6	
			3		7	8		
				4				

					5	9		
					4			2
4	1		3		8	5		
		7					9	
	4	6					3	
3	9		5			4		
			7					
		8						
2	5		9				4	

180   Demanding

			8					9
			4		7			
6							5	2
8						1		
			5		4	3	2	
					6			4
2	3							
	4		1			7		
		7						

					4			7
2						9	8	
	3	6		2				
	7							1
		4	3		5			
9								
	2			7				
1		8		4			5	
			1	9				

Beware! Very Challenging!

		3	2	8	4			
					6			
		2	7				9	
3								
5	6	7				9		
	1		8	2				
						6		5
	7		1	6		8		
			9			1		

3	6	9	1				8	
						2		
		2				1		4
7			5			3	2	
4	2						1	
					6		5	
				1				
	7		8	5				
	5	8		9				

184 Beware! Very Challenging!

						3		
7			5		9			
	3	5						
		6		1		2	8	9
		4		9			1	7
		1			3			
			8	7			2	4
	6			2			7	

2	1							
					3	1		
		9	4					7
8	2	5			4			
			6					
1					8	2		
	7			9				
				3	1		4	
						3	8	

4				5				
		3				7		8
		9	6				3	4
			2		4		8	
								7
7			3					
5			9		8			
3	7	4			5			
		8					4	6

	7							3
	2					8		
	8		9	3	6			4
			7	2			1	5
		8				6		
					4		3	
6				7	3			
				1		2		
							9	

188 Beware! Very Challenging!

4			2				7	
	1							
5		6				3	1	
				3		6		
6		7						
				4	9			
		3			1			4
	9					2		
		1	3	9				

	4							
				7	8		2	
					9	4		3
8					7		3	1
		9						7
2	3						5	
	6					7		
3				8		1		2
		9		5				

Beware! Very Challenging!

			4	6		2	7	
				3				4
		1						
9		4		1				
2		8					3	
	6				3			
5							2	
			2		8	9		
		7		5	6	8		

	9					8	6	
2			3					4
1	8			5				
				8				
5					7	1		
		6		9				3
	7		2					
9	3				1	2	7	

Beware! Very Challenging!

	8			5	9		4	
	1			4				
9				7	6		5	
1								
	9					1	2	8
	3					6		
			6	2				
		5			4	2	6	
					8			

Beware! Very Challenging! 193

	6		1		9		4	
		7				8	6	
						5		
1		2		3				
						4		
		8	5			6		3
2			8					
9			4	7				
				1			2	

Beware! Very Challenging!

			6					
		1					9	
5	3				4	2		
9	8		2			3	5	
	4						2	8
						9		
6			7	8				
			9				6	
	7						4	5

2			1					
			9				5	3
	4			5	6			2
4	2		3					
	8				5			4
		6		1			3	
			2				1	
		7				9		
8	3							

6	7	5			2			
				6			8	
			7		1	9		2
3		4				8		
		6	1					
5	9			2				3
1	6							
								9
			9	4			7	

			2	1				
		3	4	9				1
9					5			
		8		6		5		
1								7
		6	8					
5				2		7	8	3
		4	1	3	8			
								4

198 Beware! Very Challenging!

2							4	6
8	9				2			
			8	4	3			
		3	5					
	4				9	6	8	
								9
			1	3				
5	6					7		
				2		5		

		4	2		1			8
	8			5	4		7	
					7			
	5		1	7	2			
3			4			6	9	
			3					
1						7		
	4							2
	7						8	

200 Beware! Very Challenging!

			3					
		1			9		7	6
5			4			9		8
						6		7
		5						
2	8							
			9			8		2
7	3		5	1				
	6			3				

		5						2
							1	4
2	3						6	
6	1			3	7			
8	7		4					
								8
1	5	7					9	
	9		1	2			8	

Beware! Very Challenging!

			3	2		4	9	1
			1				3	
					5			
1	5				4			
								9
	7					2		
		8		4				
3			5		6		2	
2		4			3		8	

		1		9		2	6	
				4				
7						9		
		3			8		2	
			1		5			
	6			7				
5	2		8				4	
	9							8
4							5	

8				2				
				9	8	2		
				7				3
	6		1					
9	2		3	5				
		1						7
					5		7	6
		3	8					
		9					1	5

	1			7		4		
	7		3		8			
			5		8			
		2					3	8
	9	4						
	8		5	6				
9								2
						1	6	4
		5	8					9

Beware! Very Challenging!

	1		6				9	
	2		8		5			
				7	9	2		
7			5				3	
8		6				1		
								2
	3			8				9
							7	6
			3	6				5

	8	4	9				2	
		7		3		5		9
		3	8					
				6		2		
9			3					4
		8	4					
	4		7		6			5
						8		6
					5	3		

208

Beware! Very Challenging!

			2			1		
1	9							
		2	7				4	8
			1		7			
2				9	3			
		3				7		6
	5		8	2			6	
								9
4				5	1			

				2				
2	8	6	4					
	1	4		3			9	7
					1		6	
	2					4		1
			7				5	8
8					7	3		
	3							6
	7			9				

210   Beware! Very Challenging!

1				8			7	5
	5			3	7			8
						2		
8						9	1	
			3	1				
		6						
				2	4	5		
9	7					1	8	
				9		6		

End View

Place the letters A through C or A through D (as indicated above each puzzle) into the grid so that every row and column contains each letter exactly once. (Some of the grid squares will remain blank.) The letters around the perimeter of the grid indicate the first letter that can be seen in each respective row or column looking in that direction.

EXAMPLE

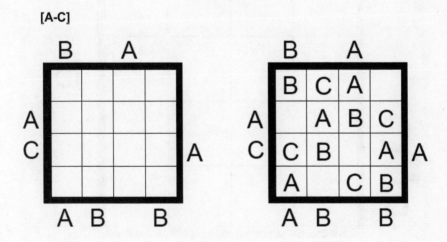

End View

[A-C]

[A-C]

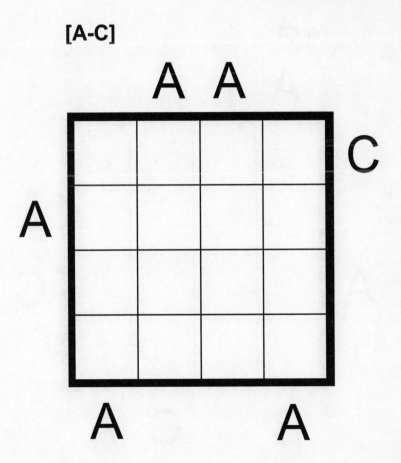

3 End View

[A-C]

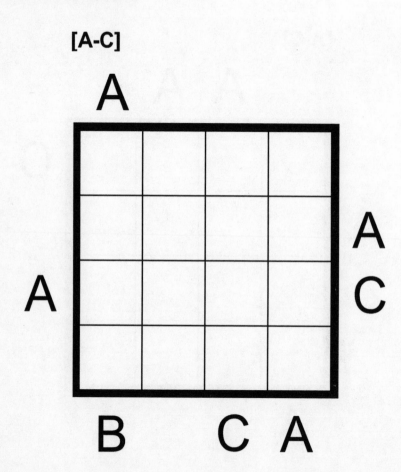

[A-C]

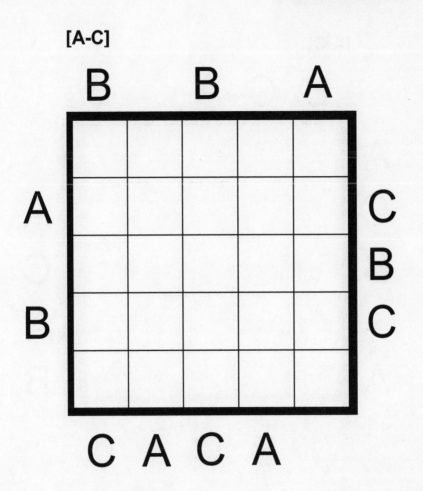

5 End View

[A-C]

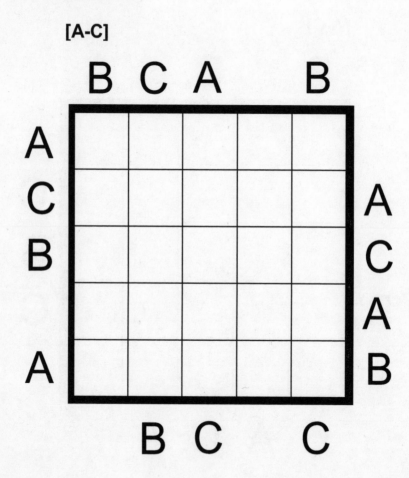

[A-C]

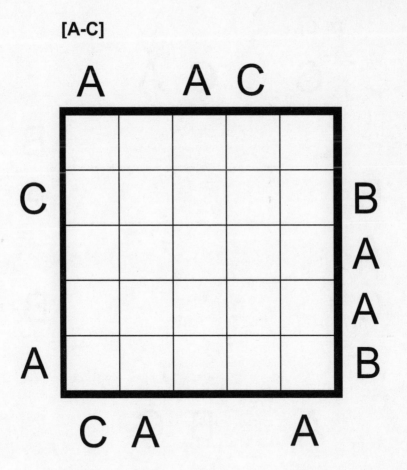

7 End View

[A-C]

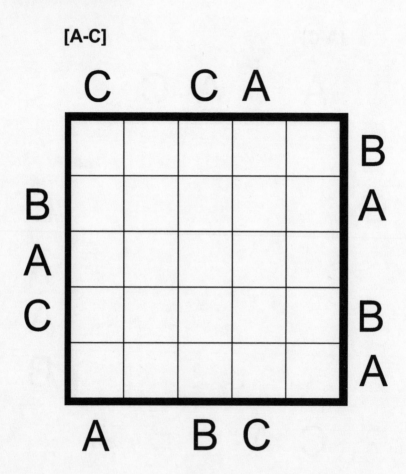

[A-C]

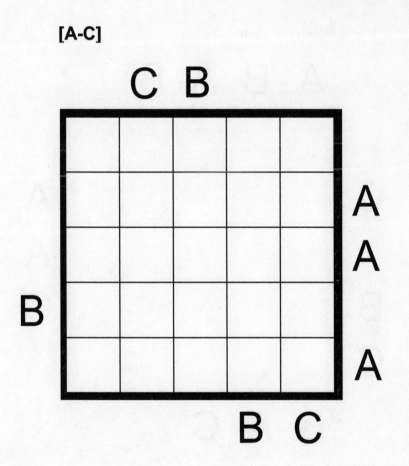

9   End View

[A-C]

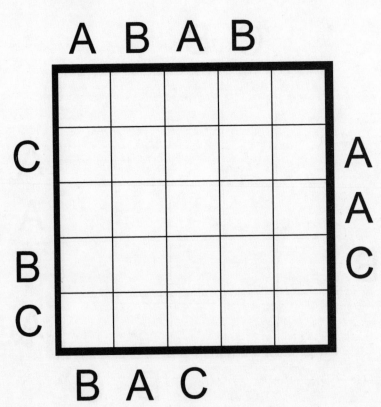

[A-D]

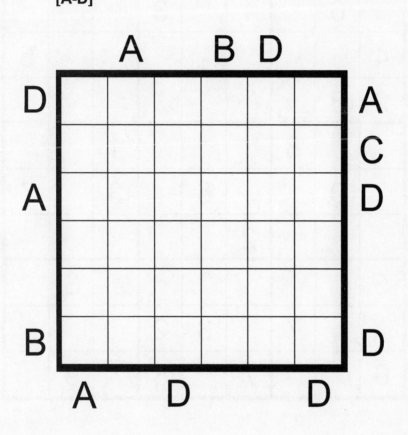

211 Beware! Very Challenging!

	6		1		3			
4								5
2	8							
		8				1		
	9			6		3		7
			2					
5							3	
		7		3	2			
6			7		8		9	

	5			4	6			
8			1	9				
7								3
				7	9		1	
6	1			2	8		5	
								2
1	3							
4						1		
		7					8	9

213 Beware! Very Challenging!

				5	2			
						8	1	
	6		7					3
6					9			2
	1							
				2		9	5	
3								
		5			7	2		
			6		1		7	8

8	7			2				1
		5						
9					5			4
	3	9						6
		2	9					
			4		1			
				8	3	7		
	2			5				
				4		5		3

4				9				
2							4	8
			8					
		1			4		6	
		3	7	8			5	
				3				9
3		6	9					4
7					3		1	
		4		1				2

	5		4			1		2
	9						6	
			8	7				
		6			5			1
				1				
		4	9	8				
2		5				8		
		8	7		4		3	
			5			4		9

217 Beware! Very Challenging!

5	1				2		9	8
8			7				2	
4					9		3	
3	2				5			
	8		6		7			9
				6				3
	3			2				4
						8	5	

6		9			7	5	3	
	3		6				8	4
		1						
	6		7		1	9		
4					6	7		2
								9
7		8						
			8	2				

219 Beware! Very Challenging!

			4	1				
3			5	6				2
		7		3				9
				2				
8		1			3			
	2	5				3		
7	8					4		
			7			6	8	
4		9						3

		3		7			1	
	6				8		5	
7			2		3			
	3	1				9		8
					9			
			1				4	2
								4
			6	5			7	
	7		8			6		

Beware! Very Challenging!

	2					1		6
9	3	4	7					
6	9			3				
		8						5
	1		4				8	2
7						5		
			1				9	
4				5	9			

3					7	8		
	4			2				
5		9		7				8
							5	7
7					6			4
	2			3				
6	1							
			1	9	4	3		

223 Beware! Very Challenging!

2								
	7				8		4	
	6				9	7		8
			9		4	5		
5							6	3
			1					
		7	8					9
	3	6						7
				4		3	1	

				3				6
	8				6			
1	2		9	7			5	
	3					7		
			2		4			
	6	2					9	
	7	3	1	6		8		
						9		
		8					3	2

Beware! Very Challenging!

	6			4				5
	8						9	
				1	5	3	8	
7	4							
			9	2				
						6		
		9				5		1
3	5		2					8
		8						4

8			6	2				
	3							
		1	5			9	7	
			2				4	
5			9		8			
					1			6
	2		7			6		5
	9	5						3
1				3				

	9		4		2			
4					5		3	
8	1							
				3		9		6
	4	7	1					
	8		5			1		
					6	5		4
								8
5	7		8					

1			3			6		
		7	4					2
	6			1				
3	7							
			2				8	
9		2	7		8			
							9	8
								6
8		4		3		5		

Beware! Very Challenging!

4					3			
6				7			9	
5				6		3	1	
		5						
			6					
8			4	7				5
			8	1			2	
	3					9		
	1		7				8	

6					2		1	3
	4	2						
		1	3			5		
8				1			5	
			4					7
	7				8	4		
	6		9	2				
		5						
	2				6	8		

Beware! Very Challenging!

1					2		8	
				5	7	6		
	4					1	2	8
				6				9
			3		8			4
			4	2				
		1						
9		8			6	7		

	4		8					
			1	7				3
		6	3		4			
7	2							
	5				6		3	8
4				1				
6	3						4	
		1					9	
2				8				

233 Beware! Very Challenging!

3	5				4			
	4	9				8	2	
			1					
2			3			1		
		6				5	3	
		3		8	6	2	4	
			2					
8			7		5			
6								5

Beware! Very Challenging! **234**

			5			7		8
		3		4				
						6		
	4			6			5	
			7	2				
5		8	3				1	
3			9		8		7	
		2		5				
4	8				2			

235

Beware! Very Challenging!

1		3						
4			1			7	2	5
							1	
						2	8	
		4	3					6
2	5	1						
7	9			8			4	3
				6				
					2			

9	1		4	8				
			3					1
								9
						3	6	
2		4	9					
	6			3				7
7				4				
		2				6		
		9			5	8	7	

237 Beware! Very Challenging!

2					5		6		
8	5			4		1			
		7					9	5	
5						6	3		
				3					
					1	8			4
		4	7	3			8		
	9								
6		8							9

								7
			6	7			1	8
		1	9		5			2
3								5
5	7		3				2	1
6						7		
	4	2	5					
			1					9
9				4				

239 Beware! Very Challenging!

	7							2
		5				4	1	
6	3		4					
1								3
					7			
5		8			4	2		
			7	8			9	
			5	2				6
			6					7

2						5		8
3	5					6		1
		9					7	
				3	4			
5			2					
8	1				5			9
				2				7
					1	8		
1		6	3	9				

7			5			4			3		
6					10			11	12	5	
	2	9					5	10			
				2	7	5					
11	8				3						6
		5		8	11		10				
		3				2		12	9		
							6				
9					4		12	8	11	10	
	12	8			6	3					
	9			12	2		7	5	4	1	
	1						9			8	

1			12		11		10	6	2		4
	2				4			7			
4				9		5				10	3
									5		11
			10	11							9
12	11		1								6
				5	3	4	6				
		4	2	1	10				12		7
									9	8	
			5			2			7		
	4	10						1			8
8	3	7			12	11					

Super Sudoku

6			4					10	11	7	
11	5						6	2			
						1	12		5		8
10		7			8	9					
5	8				12				7	6	
2	1							9			11
			7			2	5				
8						12			3		
				4			3			12	6
			9	5	6		11		10		12
	12		10				8			1	
			5				7		4	8	

	6						5	9		10	
10	11		1					6	2		
					4			3	8	5	
8				1		10		5	11	4	
		1	10	3				8			
2					7	12					
				4					1	11	
7				5					6		
	12	4		11	9					7	3
	4	11			3					6	
	9										
			12	2							

	8		1		3	12	10			11	
		5					6	4			
			8	1							
5				12							8
	1	7				8			9		
2			9		3			7			
	2			4		6	5	1			
8		11					9				
	3			7		9		10			
12					11						4
	5	4			10						7
			2		9	1	5	3			

8	2				3			11			
		3	5	1	10			12		2	9
1			11				12				
				4					6		
11		9		6			8		7	5	
5				11			9		10		8
		5		7			4		12	9	
	3	1		8							11
	4						8				
				9		10				4	
7					6						5
4				12							

1			6								
			9		2	11					
	2			12		5	10				8
2							9			3	
	12	9							5	1	
	10		7	5							11
			5	3			6			10	
	3	4						1	7	8	12
			2						3		
			10					8			
	4				8		7	11		5	9
			12			10		6			4

		3	1	12							
	11			10			7				5
2			12							10	6
			3		7		8		6		
				1							2
5	7	10						9			
6			4			2			7		8
				4				11			12
	2		8						5		4
4	6	1							11		
			2			4	3				
					8			10	9		

					11			9	6		
		5			12		7				8
	12	10		1	6		3		11		
1				6							
			10	7		4		12	11		
11						10	2				
		2		4		6					
	5	7	1								
			8			5			10		
8				5			4		10		
2			7	12	1		8				
		1			3					12	4

			10				1				12
12			3								
	1			3		9	4		11		
	2		6				9	11			8
					5	7				3	6
					3		10				
	3		11	4			2		5		
		7			6	5	1	4			
5			4	7			8				11
	12			2				6			10
7			2	1			10	12	4		
					8						

ANSWERS

1

4	5	8	6	2	7	9	3	1
2	6	3	9	1	5	7	8	4
1	9	7	4	8	3	2	6	5
9	8	2	7	5	6	1	4	3
7	4	1	2	3	8	5	9	6
5	3	6	1	9	4	8	2	7
8	2	4	3	7	1	6	5	9
3	7	9	5	6	2	4	1	8
6	1	5	8	4	9	3	7	2

2

6	3	2	9	7	4	8	1	5
1	8	7	3	5	2	9	6	4
5	4	9	8	1	6	3	2	7
4	7	3	2	9	8	6	5	1
9	2	1	5	6	3	4	7	8
8	6	5	7	4	1	2	9	3
7	1	8	4	2	9	5	3	6
3	9	6	1	8	5	7	4	2
2	5	4	6	3	7	1	8	9

3

3	2	1	4	5	6	9	7	8
4	9	7	8	2	3	6	5	1
8	6	5	1	7	9	4	2	3
1	7	4	5	3	8	2	9	6
9	8	3	6	4	2	5	1	7
6	5	2	9	1	7	8	3	4
2	1	8	7	9	4	3	6	5
7	4	9	3	6	5	1	8	2
5	3	6	2	8	1	7	4	9

4

6	4	9	2	5	3	8	1	7
1	7	8	4	6	9	2	3	5
5	2	3	7	1	8	4	9	6
8	9	6	5	2	7	3	4	1
2	1	7	9	3	4	5	6	8
4	3	5	6	8	1	7	2	9
7	8	2	1	4	6	9	5	3
9	6	4	3	7	5	1	8	2
3	5	1	8	9	2	6	7	4

5

2	7	8	4	9	5	1	6	3
1	3	4	7	8	6	2	9	5
9	6	5	3	2	1	4	7	8
7	8	6	2	5	4	3	1	9
3	4	9	1	6	7	5	8	2
5	1	2	9	3	8	7	4	6
6	5	7	8	1	2	9	3	4
4	2	3	6	7	9	8	5	1
8	9	1	5	4	3	6	2	7

6

8	5	3	4	1	9	2	7	6
6	1	2	5	7	3	4	9	8
4	7	9	2	6	8	5	3	1
9	2	4	1	3	6	7	8	5
3	8	1	9	5	7	6	4	2
5	6	7	8	2	4	9	1	3
7	4	5	6	8	1	3	2	9
2	3	8	7	9	5	1	6	4
1	9	6	3	4	2	8	5	7

7

8	2	7	3	1	5	4	6	9
3	6	9	7	4	8	5	2	1
1	4	5	9	6	2	8	7	3
2	9	3	5	7	1	6	8	4
5	1	6	8	3	4	7	9	2
7	8	4	6	2	9	3	1	5
9	7	2	4	5	6	1	3	8
4	3	8	1	9	7	2	5	6
6	5	1	2	8	3	9	4	7

8

2	4	1	5	7	3	6	9	8
7	5	8	6	2	9	1	3	4
9	3	6	4	8	1	2	5	7
6	9	7	1	5	8	3	4	2
3	8	5	2	4	7	9	6	1
1	2	4	3	9	6	7	8	5
5	6	2	9	1	4	8	7	3
4	7	3	8	6	2	5	1	9
8	1	9	7	3	5	4	2	6

9

4	5	1	8	6	7	3	9	2
6	9	3	2	5	4	1	7	8
8	7	2	1	3	9	5	6	4
9	6	5	3	1	8	4	2	7
7	1	8	4	9	2	6	5	3
2	3	4	6	7	5	9	8	1
3	2	9	7	4	6	8	1	5
5	4	7	9	8	1	2	3	6
1	8	6	5	2	3	7	4	9

10

7	2	8	4	6	9	1	5	3
9	1	5	7	3	8	6	4	2
6	4	3	5	2	1	9	7	8
8	7	9	2	4	6	5	3	1
5	6	2	9	1	3	7	8	4
1	3	4	8	5	7	2	6	9
2	5	6	3	9	4	8	1	7
3	9	7	1	8	5	4	2	6
4	8	1	6	7	2	3	9	5

11

4	9	6	1	5	3	7	2	8
5	3	8	4	2	7	6	1	9
7	2	1	6	9	8	5	4	3
2	1	3	7	8	5	4	9	6
8	6	7	9	3	4	2	5	1
9	4	5	2	6	1	8	3	7
3	7	4	5	1	6	9	8	2
1	5	2	8	7	9	3	6	4
6	8	9	3	4	2	1	7	5

12

5	2	4	6	3	1	7	9	8
1	7	8	9	5	4	6	3	2
3	6	9	7	8	2	4	5	1
9	5	6	2	4	8	3	1	7
7	8	1	5	6	3	9	2	4
2	4	3	1	7	9	8	6	5
6	1	2	8	9	7	5	4	3
4	9	7	3	2	5	1	8	6
8	3	5	4	1	6	2	7	9

13

4	2	6	9	3	7	5	8	1
7	1	8	2	6	5	9	3	4
9	5	3	4	8	1	7	2	6
6	3	5	8	1	2	4	9	7
8	4	9	5	7	3	1	6	2
2	7	1	6	4	9	3	5	8
1	9	7	3	2	6	8	4	5
3	8	2	7	5	4	6	1	9
5	6	4	1	9	8	2	7	3

14

1	4	9	6	8	3	5	7	2
2	8	3	1	5	7	6	4	9
6	7	5	4	9	2	3	8	1
9	6	2	5	1	8	4	3	7
4	1	8	7	3	9	2	5	6
5	3	7	2	4	6	1	9	8
3	2	4	9	7	1	8	6	5
8	9	6	3	2	5	7	1	4
7	5	1	8	6	4	9	2	3

15

8	7	4	9	5	1	3	2	6
2	6	1	3	8	7	5	9	4
3	5	9	6	4	2	8	1	7
6	9	2	7	3	5	1	4	8
1	4	3	8	2	6	7	5	9
5	8	7	1	9	4	6	3	2
7	1	5	2	6	9	4	8	3
4	2	8	5	7	3	9	6	1
9	3	6	4	1	8	2	7	5

16

3	8	1	5	4	6	9	7	2
9	4	5	2	7	1	6	3	8
2	7	6	9	8	3	5	4	1
4	5	8	6	2	7	3	1	9
6	1	9	4	3	5	2	8	7
7	2	3	8	1	9	4	6	5
8	6	2	1	5	4	7	9	3
1	9	7	3	6	2	8	5	4
5	3	4	7	9	8	1	2	6

17

8	6	2	7	9	1	4	3	5
7	4	9	6	5	3	8	2	1
3	1	5	2	8	4	7	6	9
2	3	4	8	1	5	6	9	7
1	7	6	9	3	2	5	8	4
9	5	8	4	7	6	2	1	3
5	8	7	1	2	9	3	4	6
6	2	1	3	4	7	9	5	8
4	9	3	5	6	8	1	7	2

18

2	6	9	7	5	1	4	3	8
7	5	4	3	8	9	1	6	2
8	1	3	6	2	4	5	9	7
9	7	5	4	6	2	8	1	3
1	2	6	8	9	3	7	5	4
4	3	8	1	7	5	6	2	9
3	8	7	9	1	6	2	4	5
6	9	2	5	4	7	3	8	1
5	4	1	2	3	8	9	7	6

19

6	2	1	3	4	5	7	8	9
7	5	4	6	8	9	2	3	1
8	9	3	1	7	2	4	6	5
5	3	8	4	9	6	1	2	7
1	6	7	2	5	3	8	9	4
2	4	9	7	1	8	3	5	6
4	8	6	9	3	1	5	7	2
9	7	5	8	2	4	6	1	3
3	1	2	5	6	7	9	4	8

20

5	1	2	8	3	6	7	9	4
6	8	9	4	2	7	3	1	5
7	4	3	5	1	9	2	6	8
8	3	7	6	4	2	9	5	1
4	2	6	1	9	5	8	7	3
1	9	5	3	7	8	4	2	6
3	7	4	2	6	1	5	8	9
2	6	8	9	5	4	1	3	7
9	5	1	7	8	3	6	4	2

21

4	3	1	6	2	5	7	9	8
5	7	6	9	3	8	1	4	2
9	8	2	7	1	4	5	6	3
7	1	8	2	6	9	4	3	5
6	5	9	8	4	3	2	7	1
3	2	4	5	7	1	6	8	9
2	9	3	4	5	7	8	1	6
8	6	7	1	9	2	3	5	4
1	4	5	3	8	6	9	2	7

22

3	2	7	4	9	1	6	5	8
6	9	8	3	2	5	7	4	1
1	5	4	6	7	8	9	2	3
5	7	3	8	4	9	2	1	6
9	1	6	7	5	2	8	3	4
8	4	2	1	6	3	5	9	7
4	8	5	2	3	7	1	6	9
7	3	9	5	1	6	4	8	2
2	6	1	9	8	4	3	7	5

23

9	4	1	8	5	6	7	3	2
8	3	2	4	7	1	9	5	6
5	6	7	2	3	9	4	1	8
3	5	9	1	2	7	8	6	4
7	8	4	6	9	5	1	2	3
1	2	6	3	4	8	5	7	9
6	9	8	7	1	2	3	4	5
2	1	3	5	8	4	6	9	7
4	7	5	9	6	3	2	8	1

24

8	9	5	1	2	3	7	6	4
4	3	2	6	9	7	5	8	1
1	6	7	4	8	5	3	2	9
7	8	4	2	1	6	9	3	5
2	1	9	3	5	4	6	7	8
6	5	3	8	7	9	1	4	2
5	7	8	9	3	2	4	1	6
9	4	1	7	6	8	2	5	3
3	2	6	5	4	1	8	9	7

25

6	9	3	2	4	1	8	7	5
7	1	5	8	6	9	4	3	2
4	8	2	5	3	7	9	6	1
2	4	1	9	7	5	6	8	3
5	3	8	4	1	6	2	9	7
9	6	7	3	2	8	5	1	4
3	5	6	7	8	4	1	2	9
1	7	4	6	9	2	3	5	8
8	2	9	1	5	3	7	4	6

26

5	3	1	9	6	7	2	4	8
4	2	7	8	3	1	5	9	6
9	8	6	2	5	4	7	3	1
6	1	8	5	2	3	4	7	9
3	4	2	7	9	8	1	6	5
7	5	9	4	1	6	3	8	2
1	6	4	3	8	2	9	5	7
2	7	5	6	4	9	8	1	3
8	9	3	1	7	5	6	2	4

27

4	7	6	2	1	8	3	5	9
8	2	3	5	6	9	4	7	1
9	1	5	4	3	7	6	2	8
2	9	7	1	8	3	5	4	6
6	4	8	7	5	2	1	9	3
3	5	1	9	4	6	7	8	2
5	3	9	6	2	4	8	1	7
7	6	4	8	9	1	2	3	5
1	8	2	3	7	5	9	6	4

28

5	8	7	3	4	6	9	2	1
2	6	4	9	1	8	5	7	3
9	3	1	5	7	2	4	6	8
8	5	2	6	3	4	1	9	7
6	4	9	1	2	7	8	3	5
7	1	3	8	5	9	2	4	6
4	2	5	7	6	1	3	8	9
3	9	6	4	8	5	7	1	2
1	7	8	2	9	3	6	5	4

29

1	3	6	9	5	4	7	8	2
5	8	9	7	3	2	4	1	6
2	7	4	1	8	6	9	3	5
9	6	3	5	1	7	8	2	4
4	5	2	3	6	8	1	7	9
7	1	8	4	2	9	5	6	3
6	2	1	8	9	5	3	4	7
8	4	5	2	7	3	6	9	1
3	9	7	6	4	1	2	5	8

30

4	7	3	5	6	1	2	9	8
2	5	9	4	8	7	6	3	1
8	1	6	2	3	9	4	5	7
5	4	7	3	9	6	1	8	2
6	3	1	8	5	2	9	7	4
9	2	8	1	7	4	5	6	3
3	9	2	6	1	8	7	4	5
7	8	4	9	2	5	3	1	6
1	6	5	7	4	3	8	2	9

31

9	5	2	7	6	8	1	3	4
4	3	6	5	2	1	7	9	8
7	8	1	9	3	4	5	6	2
3	9	8	1	5	6	2	4	7
2	6	7	8	4	3	9	5	1
5	1	4	2	7	9	3	8	6
1	7	9	6	8	5	4	2	3
8	4	5	3	1	2	6	7	9
6	2	3	4	9	7	8	1	5

32

2	1	7	9	5	6	3	8	4
3	8	9	4	2	1	6	7	5
5	6	4	8	7	3	2	1	9
7	3	2	5	9	8	4	6	1
6	5	8	3	1	4	9	2	7
4	9	1	2	6	7	5	3	8
8	7	5	6	3	9	1	4	2
1	2	3	7	4	5	8	9	6
9	4	6	1	8	2	7	5	3

33

3	7	5	8	4	6	2	1	9
6	8	2	9	1	7	5	4	3
9	4	1	3	5	2	8	6	7
2	3	8	7	6	1	4	9	5
4	9	7	5	3	8	1	2	6
1	5	6	2	9	4	3	7	8
8	6	9	1	2	3	7	5	4
5	1	3	4	7	9	6	8	2
7	2	4	6	8	5	9	3	1

34

8	5	4	3	7	9	2	6	1
2	1	7	6	8	5	3	4	9
9	3	6	4	1	2	7	5	8
7	2	1	8	4	3	6	9	5
4	6	9	5	2	7	1	8	3
5	8	3	9	6	1	4	2	7
6	9	5	1	3	4	8	7	2
3	7	8	2	5	6	9	1	4
1	4	2	7	9	8	5	3	6

35

2	3	4	9	5	1	6	8	7
6	7	1	3	2	8	4	5	9
5	8	9	7	6	4	1	3	2
7	4	2	6	8	3	5	9	1
8	9	6	5	1	7	2	4	3
1	5	3	4	9	2	7	6	8
4	6	7	1	3	9	8	2	5
3	1	8	2	4	5	9	7	6
9	2	5	8	7	6	3	1	4

36

4	1	5	2	7	8	3	6	9
9	8	7	3	6	4	5	1	2
6	3	2	5	1	9	7	8	4
8	5	6	1	9	2	4	7	3
7	9	3	8	4	6	1	2	5
2	4	1	7	5	3	8	9	6
1	7	9	4	2	5	6	3	8
3	6	4	9	8	1	2	5	7
5	2	8	6	3	7	9	4	1

37

4	3	1	9	2	5	7	6	8
8	2	5	7	6	4	1	3	9
7	9	6	1	8	3	2	5	4
2	5	7	4	1	9	6	8	3
6	1	8	5	3	2	4	9	7
3	4	9	6	7	8	5	1	2
1	7	2	3	9	6	8	4	5
5	6	3	8	4	7	9	2	1
9	8	4	2	5	1	3	7	6

38

6	3	7	1	4	9	2	5	8
1	8	2	5	6	3	9	4	7
9	4	5	8	7	2	1	6	3
3	1	8	4	2	5	7	9	6
2	5	6	9	8	7	3	1	4
4	7	9	6	3	1	5	8	2
5	6	3	7	9	8	4	2	1
8	2	1	3	5	4	6	7	9
7	9	4	2	1	6	8	3	5

39

4	6	7	5	9	2	3	1	8
8	2	5	7	1	3	6	4	9
1	3	9	8	6	4	5	2	7
9	8	3	2	5	6	4	7	1
7	5	4	9	3	1	2	8	6
2	1	6	4	8	7	9	3	5
3	7	8	6	2	9	1	5	4
6	4	1	3	7	5	8	9	2
5	9	2	1	4	8	7	6	3

40

1	3	8	5	9	2	4	7	6
9	7	4	6	8	3	1	5	2
2	5	6	7	4	1	8	9	3
7	6	9	4	3	8	2	1	5
3	2	5	1	6	9	7	4	8
4	8	1	2	7	5	3	6	9
5	9	7	8	2	4	6	3	1
8	4	3	9	1	6	5	2	7
6	1	2	3	5	7	9	8	4

41

6	3	9	7	4	1	5	8	2
5	7	2	8	3	6	9	4	1
1	4	8	5	9	2	7	3	6
9	2	6	1	8	4	3	5	7
4	8	5	6	7	3	2	1	9
3	1	7	2	5	9	8	6	4
7	6	3	4	2	8	1	9	5
8	5	1	9	6	7	4	2	3
2	9	4	3	1	5	6	7	8

42

9	7	4	5	1	2	6	3	8
3	8	6	4	7	9	1	5	2
5	1	2	8	6	3	4	7	9
8	9	7	2	5	4	3	1	6
1	4	3	9	8	6	5	2	7
2	6	5	7	3	1	9	8	4
7	3	8	6	9	5	2	4	1
6	2	1	3	4	7	8	9	5
4	5	9	1	2	8	7	6	3

43

4	8	9	7	6	5	3	1	2
6	1	5	9	3	2	4	7	8
2	3	7	1	8	4	6	9	5
1	4	3	8	2	6	9	5	7
7	9	2	4	5	1	8	3	6
5	6	8	3	7	9	1	2	4
8	5	4	2	9	3	7	6	1
9	2	1	6	4	7	5	8	3
3	7	6	5	1	8	2	4	9

44

3	6	2	9	7	4	8	1	5
8	1	9	3	2	5	7	4	6
7	5	4	6	8	1	3	9	2
1	9	5	2	4	8	6	7	3
6	7	3	5	1	9	2	8	4
4	2	8	7	3	6	9	5	1
2	8	6	4	5	7	1	3	9
5	3	1	8	9	2	4	6	7
9	4	7	1	6	3	5	2	8

45

2	3	1	9	7	6	4	5	8
5	4	6	2	8	1	3	9	7
8	7	9	5	3	4	6	2	1
4	5	3	1	2	7	9	8	6
6	9	2	3	5	8	7	1	4
7	1	8	6	4	9	2	3	5
3	2	7	8	6	5	1	4	9
1	8	4	7	9	3	5	6	2
9	6	5	4	1	2	8	7	3

46

6	2	8	4	7	3	1	9	5
5	3	7	1	8	9	6	2	4
9	1	4	5	2	6	8	3	7
7	8	5	3	6	2	4	1	9
3	4	6	9	1	7	2	5	8
2	9	1	8	5	4	3	7	6
8	6	2	7	3	5	9	4	1
1	7	9	2	4	8	5	6	3
4	5	3	6	9	1	7	8	2

47

8	1	3	9	4	5	6	7	2
6	5	7	1	2	8	4	3	9
9	2	4	6	3	7	1	5	8
5	3	6	8	1	9	2	4	7
1	7	8	2	5	4	3	9	6
4	9	2	7	6	3	5	8	1
3	8	1	5	7	6	9	2	4
2	4	9	3	8	1	7	6	5
7	6	5	4	9	2	8	1	3

48

2	9	7	1	6	5	3	4	8
6	1	3	8	7	4	5	9	2
8	5	4	3	2	9	7	1	6
1	4	6	5	8	7	2	3	9
5	7	2	4	9	3	6	8	1
9	3	8	6	1	2	4	5	7
7	2	5	9	3	8	1	6	4
4	6	9	2	5	1	8	7	3
3	8	1	7	4	6	9	2	5

49

1	3	4	7	5	2	8	6	9
6	8	5	3	4	9	2	1	7
7	2	9	8	1	6	5	3	4
2	1	8	6	9	5	7	4	3
3	5	6	4	2	7	1	9	8
9	4	7	1	3	8	6	2	5
4	7	3	2	8	1	9	5	6
5	6	1	9	7	3	4	8	2
8	9	2	5	6	4	3	7	1

50

1	7	9	5	8	2	6	4	3
2	5	4	6	9	3	8	1	7
8	6	3	7	4	1	9	2	5
6	1	2	4	5	7	3	9	8
9	3	7	1	2	8	4	5	6
5	4	8	9	3	6	2	7	1
4	2	6	3	7	5	1	8	9
3	9	5	8	1	4	7	6	2
7	8	1	2	6	9	5	3	4

Up & Down 1

4	5	6	■	■	3	1
7	3	5	6	■	2	4
6	2	7	4	3	1	5
5	4	1	2	6	7	■
3	6	2	■	1	4	7
2	7	4	3	5	6	■
1	■	3	5	7	■	■

Up & Down 2

1	5	7	8	6	4	3	2
5	■	6	7	3	■	■	1
6	7	3	5	2	■	8	4
■	3	2	4	■	7	6	8
3	2	1	■	7	6	4	■
4	1	■	6	5	3	2	7
8	■	■	3	1	2	■	5
2	6	8	1	4	5	7	3

Up & Down 3

2	5	6	7	8	■	1	■
■	3	■	8	6	1	5	7
3	4	■	1	2	6	7	5
5	7	■	2	4	8	6	3
6	8	7	5	3	2	4	1
7	1	2	6	■	■	3	8
■	2	3	4	5	7	8	6
8	6	4	3	1	■	■	2

Up & Down 4

■	1	3	7	8	■	2	■
1	■	■	2	3	5	6	8
3	2	■	1	4	6	8	5
5	3	1	6	7	8	■	4
6	4	■	8	5	2	1	3
8	5	2	4	6	7	3	1
7	6	4	3	1	■	5	■
■	8	6	5	2	1	4	7

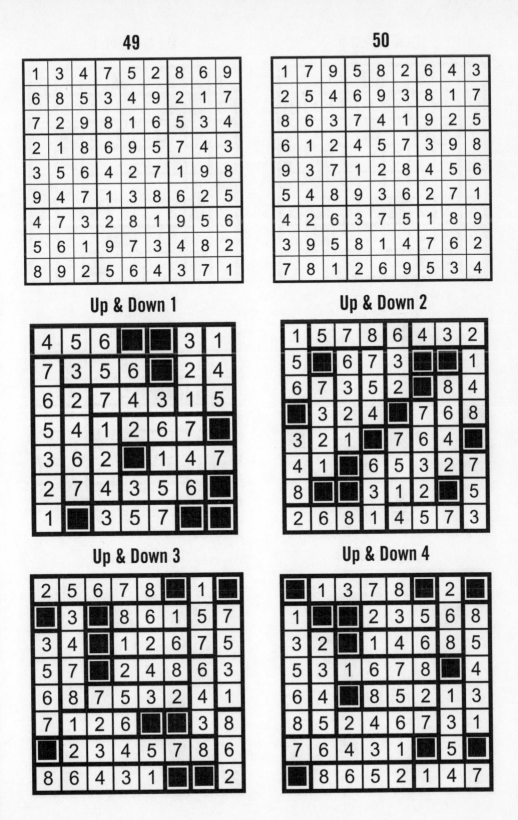

Up & Down 5

3	4	5	7	■	8	2	1
■	1	8	6	5	4	3	■
7	2	■	1	■	3	4	5
6	5	7	3	8	1	■	■
5	7	6	8	4	2	■	3
4	8	2	■	1	5	■	6
2	3	4	5	6	7	■	8
1	■	3	4	7	6	5	2

Up & Down 6

1	2	5	6	■	8	7	3
3	■	■	7	6	4	2	8
4	5	■	2	3	6	■	7
7	6	■	8	4	3	■	5
■	8	2	4	7	1	■	■
8	■	6	3	2	5	1	4
6	4	3	1	■	7	5	2
2	■	4	5	8	■	6	1

Up & Down 7

5	4	1	■	■	6	8	2
8	6	5	3	1	2	7	4
2	3	6	7	8	1	4	5
■	8	3	1	■	■	2	■
■	7	■	■	5	3	1	■
1	5	8	2	3	4	6	7
6	2	4	8	7	5	3	1
7	1	2	■	■	8	5	3

Up & Down 8

3	5	7	■	4	2	1	■
7	1	2	4	8	■	■	3
6	8	■	■	5	3	2	4
5	7	1	2	3	4	8	6
4	6	8	3	1	■	5	7
2	3	■	8	7	5	4	■
■	2	3	5	6	7	■	■
1	4	5	7	■	8	6	2

Up & Down 9

1	3	7	8	■	2	4	6
4	■	5	7	3	■	■	2
6	8	4	2	5	7	■	3
7	6	3	1	8	5	■	4
8	5	1	■	■	4	2	7
5	4	2	6	7	1	3	8
3	2	8	4	1	■	6	5
2	7	6	5	4	3	8	1

Up & Down 10

■	2	3	5	7	8	■	1
7	■	8	1	■	5	3	2
6	■	5	2	8	3	4	7
5	■	4	7	3	1	6	8
3	1	■	8	2	■	7	6
2	3	1	4	6	7	8	5
1	7	■	3	5	6	■	4
■	8	7	6	4	2	■	3

51

4	8	2	9	6	1	3	7	5
1	9	7	8	3	5	6	2	4
3	6	5	7	4	2	8	9	1
2	5	6	3	8	9	4	1	7
9	7	3	1	2	4	5	6	8
8	1	4	6	5	7	2	3	9
6	3	1	5	9	8	7	4	2
5	4	9	2	7	6	1	8	3
7	2	8	4	1	3	9	5	6

52

1	5	6	9	8	4	3	2	7
2	4	9	7	1	3	8	5	6
8	7	3	6	5	2	9	4	1
7	1	2	5	9	6	4	3	8
9	6	8	4	3	7	2	1	5
4	3	5	1	2	8	6	7	9
5	2	1	3	6	9	7	8	4
3	9	7	8	4	1	5	6	2
6	8	4	2	7	5	1	9	3

53

5	4	9	7	6	2	1	8	3
7	6	3	8	1	4	5	9	2
1	2	8	5	3	9	4	6	7
2	9	1	4	5	8	7	3	6
4	8	7	3	2	6	9	5	1
6	3	5	1	9	7	2	4	8
9	1	2	6	8	5	3	7	4
3	7	6	9	4	1	8	2	5
8	5	4	2	7	3	6	1	9

54

3	8	2	1	7	6	9	4	5
1	5	6	2	4	9	8	7	3
4	9	7	8	5	3	2	1	6
6	4	8	7	9	5	3	2	1
7	2	3	4	6	1	5	9	8
5	1	9	3	2	8	4	6	7
9	3	4	5	1	7	6	8	2
2	7	5	6	8	4	1	3	9
8	6	1	9	3	2	7	5	4

55

2	8	1	7	3	9	5	6	4
4	7	9	8	5	6	2	1	3
5	3	6	2	1	4	7	8	9
9	4	5	3	2	1	8	7	6
7	1	3	4	6	8	9	5	2
6	2	8	9	7	5	4	3	1
1	5	7	6	4	2	3	9	8
8	6	4	5	9	3	1	2	7
3	9	2	1	8	7	6	4	5

56

9	8	5	1	7	4	6	2	3
2	7	4	6	3	8	9	5	1
3	6	1	5	9	2	7	4	8
4	9	2	8	5	7	3	1	6
5	1	8	9	6	3	4	7	2
7	3	6	2	4	1	8	9	5
6	4	9	3	2	5	1	8	7
1	5	3	7	8	9	2	6	4
8	2	7	4	1	6	5	3	9

57

4	6	5	1	3	7	9	8	2
9	2	8	6	4	5	1	3	7
7	1	3	8	2	9	4	6	5
3	7	9	4	5	2	6	1	8
8	5	6	3	7	1	2	9	4
2	4	1	9	6	8	5	7	3
1	8	4	5	9	3	7	2	6
5	3	7	2	1	6	8	4	9
6	9	2	7	8	4	3	5	1

58

1	3	5	7	8	4	2	6	9
8	6	9	2	5	3	1	4	7
4	2	7	9	1	6	5	8	3
6	7	4	5	3	8	9	1	2
5	9	2	1	4	7	8	3	6
3	1	8	6	9	2	4	7	5
2	5	6	4	7	1	3	9	8
9	8	1	3	6	5	7	2	4
7	4	3	8	2	9	6	5	1

59

1	4	5	8	7	9	6	2	3
7	2	9	6	5	3	8	1	4
8	6	3	2	1	4	9	5	7
2	5	4	1	6	8	3	7	9
9	3	7	4	2	5	1	8	6
6	1	8	3	9	7	5	4	2
3	8	1	7	4	6	2	9	5
4	9	6	5	8	2	7	3	1
5	7	2	9	3	1	4	6	8

60

6	7	9	3	4	2	5	1	8
1	5	3	8	6	9	2	7	4
8	4	2	5	1	7	9	6	3
7	3	5	6	2	1	8	4	9
9	6	1	4	8	3	7	5	2
4	2	8	9	7	5	6	3	1
2	8	4	7	3	6	1	9	5
5	1	7	2	9	4	3	8	6
3	9	6	1	5	8	4	2	7

61

2	1	8	7	6	4	9	3	5
6	3	5	8	9	2	4	1	7
9	7	4	3	5	1	8	2	6
7	2	9	6	1	3	5	4	8
5	8	3	9	4	7	1	6	2
1	4	6	2	8	5	7	9	3
4	5	2	1	3	8	6	7	9
8	6	7	4	2	9	3	5	1
3	9	1	5	7	6	2	8	4

62

1	3	2	6	5	7	8	4	9
5	6	4	9	8	3	1	2	7
7	9	8	1	4	2	6	5	3
2	5	3	7	1	8	9	6	4
8	7	6	5	9	4	2	3	1
4	1	9	2	3	6	5	7	8
3	8	1	4	6	5	7	9	2
6	4	7	8	2	9	3	1	5
9	2	5	3	7	1	4	8	6

63

7	9	2	8	1	6	5	3	4
4	5	3	7	2	9	1	6	8
1	8	6	5	3	4	7	9	2
9	1	8	6	5	3	4	2	7
3	7	5	4	8	2	9	1	6
2	6	4	9	7	1	8	5	3
8	3	9	2	4	5	6	7	1
6	4	1	3	9	7	2	8	5
5	2	7	1	6	8	3	4	9

64

4	7	5	3	9	8	1	6	2
9	2	6	7	1	4	8	5	3
3	1	8	6	5	2	7	9	4
7	5	4	9	3	1	6	2	8
2	9	3	8	6	5	4	1	7
8	6	1	4	2	7	9	3	5
6	3	7	2	8	9	5	4	1
1	4	9	5	7	3	2	8	6
5	8	2	1	4	6	3	7	9

65

4	7	5	2	3	8	6	1	9
2	3	9	6	1	5	4	8	7
8	6	1	4	9	7	2	5	3
1	8	7	3	4	2	9	6	5
9	5	3	8	7	6	1	2	4
6	4	2	1	5	9	3	7	8
5	2	8	9	6	4	7	3	1
7	1	4	5	2	3	8	9	6
3	9	6	7	8	1	5	4	2

66

5	1	9	4	6	8	7	3	2
6	3	2	1	9	7	4	5	8
4	7	8	3	2	5	6	9	1
8	6	5	2	1	4	9	7	3
7	4	3	9	8	6	1	2	5
2	9	1	7	5	3	8	4	6
1	2	6	5	4	9	3	8	7
9	8	7	6	3	2	5	1	4
3	5	4	8	7	1	2	6	9

67

6	7	5	3	9	8	1	4	2
8	1	4	5	2	7	6	9	3
2	3	9	4	6	1	8	7	5
5	6	2	7	4	9	3	8	1
9	8	7	1	5	3	2	6	4
3	4	1	6	8	2	7	5	9
7	2	6	9	3	5	4	1	8
1	9	8	2	7	4	5	3	6
4	5	3	8	1	6	9	2	7

68

7	2	3	6	8	9	5	4	1
8	9	5	3	1	4	2	7	6
4	1	6	2	5	7	3	9	8
6	5	1	7	2	8	4	3	9
2	4	9	1	3	6	7	8	5
3	8	7	9	4	5	6	1	2
5	3	2	8	7	1	9	6	4
9	7	8	4	6	2	1	5	3
1	6	4	5	9	3	8	2	7

69

4	6	1	7	8	2	3	5	9
2	5	8	9	1	3	7	4	6
9	7	3	5	6	4	2	8	1
3	1	5	8	2	7	6	9	4
8	9	2	4	3	6	1	7	5
7	4	6	1	5	9	8	3	2
6	2	9	3	7	5	4	1	8
1	3	4	6	9	8	5	2	7
5	8	7	2	4	1	9	6	3

70

2	4	6	9	3	7	5	8	1
8	3	7	1	4	5	9	2	6
1	9	5	8	2	6	7	4	3
3	6	8	2	9	4	1	7	5
5	1	2	3	7	8	4	6	9
4	7	9	5	6	1	2	3	8
6	2	1	4	5	3	8	9	7
7	8	4	6	1	9	3	5	2
9	5	3	7	8	2	6	1	4

71

5	8	3	9	1	4	6	7	2
9	1	6	7	3	2	5	4	8
2	4	7	8	5	6	9	1	3
3	5	9	1	7	8	4	2	6
8	6	1	4	2	5	3	9	7
7	2	4	6	9	3	1	8	5
1	9	8	3	6	7	2	5	4
6	7	5	2	4	1	8	3	9
4	3	2	5	8	9	7	6	1

72

1	8	4	9	2	5	3	6	7
7	9	2	1	3	6	8	5	4
5	6	3	7	8	4	1	9	2
2	4	1	6	9	3	5	7	8
3	7	8	5	4	1	6	2	9
9	5	6	8	7	2	4	3	1
8	2	5	3	1	9	7	4	6
4	3	7	2	6	8	9	1	5
6	1	9	4	5	7	2	8	3

73

6	8	9	5	3	4	7	2	1
1	4	5	7	2	8	3	6	9
3	7	2	9	6	1	8	4	5
5	6	1	8	4	2	9	7	3
7	9	8	6	5	3	4	1	2
4	2	3	1	7	9	6	5	8
9	3	7	4	1	5	2	8	6
2	1	4	3	8	6	5	9	7
8	5	6	2	9	7	1	3	4

74

2	7	3	1	8	4	9	6	5
5	4	8	6	9	3	7	2	1
6	1	9	7	2	5	4	3	8
3	2	6	5	4	1	8	9	7
8	5	7	2	3	9	1	4	6
4	9	1	8	7	6	2	5	3
1	3	2	4	6	8	5	7	9
9	8	4	3	5	7	6	1	2
7	6	5	9	1	2	3	8	4

75

5	4	3	1	8	6	2	9	7
8	6	9	2	5	7	1	4	3
1	2	7	3	4	9	6	5	8
4	8	2	5	6	1	3	7	9
7	3	5	4	9	2	8	1	6
6	9	1	8	7	3	5	2	4
9	5	4	6	1	8	7	3	2
2	7	6	9	3	5	4	8	1
3	1	8	7	2	4	9	6	5

76

9	6	4	2	8	3	5	7	1
8	3	5	6	1	7	9	4	2
1	2	7	4	5	9	6	3	8
2	7	8	1	6	5	3	9	4
6	4	3	7	9	2	1	8	5
5	9	1	3	4	8	7	2	6
3	8	9	5	2	6	4	1	7
4	5	2	9	7	1	8	6	3
7	1	6	8	3	4	2	5	9

77

9	2	7	6	4	1	3	8	5
6	1	8	5	3	7	9	2	4
5	3	4	9	2	8	6	7	1
3	4	5	1	6	2	8	9	7
1	6	9	7	8	5	4	3	2
7	8	2	4	9	3	1	5	6
8	7	3	2	1	6	5	4	9
4	5	1	8	7	9	2	6	3
2	9	6	3	5	4	7	1	8

78

8	9	2	7	1	5	4	6	3
3	1	4	8	9	6	5	7	2
7	6	5	4	2	3	8	9	1
5	7	1	3	6	4	2	8	9
4	8	9	2	5	7	1	3	6
2	3	6	1	8	9	7	4	5
6	4	8	5	3	2	9	1	7
1	5	3	9	7	8	6	2	4
9	2	7	6	4	1	3	5	8

79

5	2	9	4	1	6	7	3	8
3	7	6	2	8	9	1	4	5
8	4	1	7	5	3	6	9	2
6	3	4	1	2	7	5	8	9
9	1	8	3	6	5	4	2	7
2	5	7	8	9	4	3	6	1
4	6	2	9	7	1	8	5	3
7	9	5	6	3	8	2	1	4
1	8	3	5	4	2	9	7	6

80

4	8	7	9	6	5	3	2	1
1	3	9	2	7	4	6	5	8
5	6	2	1	3	8	7	9	4
7	5	3	8	2	9	4	1	6
2	1	8	4	5	6	9	3	7
6	9	4	7	1	3	2	8	5
9	2	6	5	8	7	1	4	3
8	7	1	3	4	2	5	6	9
3	4	5	6	9	1	8	7	2

81

4	1	3	9	7	6	2	8	5
9	6	2	1	5	8	3	4	7
5	7	8	3	2	4	6	9	1
7	3	5	6	8	1	9	2	4
6	8	9	2	4	5	1	7	3
1	2	4	7	9	3	5	6	8
3	4	7	5	6	9	8	1	2
8	5	6	4	1	2	7	3	9
2	9	1	8	3	7	4	5	6

82

1	8	3	9	4	6	2	5	7
4	6	5	3	2	7	9	8	1
2	7	9	1	8	5	6	4	3
6	5	2	4	9	3	1	7	8
7	4	8	6	5	1	3	2	9
9	3	1	8	7	2	5	6	4
5	1	4	7	6	9	8	3	2
8	9	6	2	3	4	7	1	5
3	2	7	5	1	8	4	9	6

83

6	3	1	5	4	8	7	2	9
8	7	2	3	9	1	5	6	4
5	4	9	6	7	2	1	8	3
4	6	8	1	2	9	3	5	7
1	2	3	7	5	6	4	9	8
9	5	7	4	8	3	6	1	2
7	8	4	9	1	5	2	3	6
3	9	5	2	6	7	8	4	1
2	1	6	8	3	4	9	7	5

84

9	6	1	4	2	8	7	3	5
2	7	4	1	3	5	9	8	6
5	8	3	6	9	7	1	2	4
4	1	9	3	6	2	8	5	7
6	2	8	5	7	1	3	4	9
3	5	7	9	8	4	2	6	1
7	9	2	8	4	6	5	1	3
8	4	5	7	1	3	6	9	2
1	3	6	2	5	9	4	7	8

85

6	4	7	5	3	1	8	2	9
1	5	3	9	2	8	6	4	7
9	2	8	7	4	6	5	1	3
3	6	1	2	5	7	9	8	4
5	9	2	6	8	4	3	7	1
8	7	4	3	1	9	2	5	6
4	1	9	8	6	2	7	3	5
2	3	6	4	7	5	1	9	8
7	8	5	1	9	3	4	6	2

86

5	9	8	6	1	2	3	4	7
7	6	3	9	4	5	8	2	1
1	4	2	8	3	7	9	6	5
3	2	1	5	6	9	7	8	4
9	7	6	3	8	4	1	5	2
4	8	5	2	7	1	6	3	9
2	3	7	1	5	8	4	9	6
6	5	4	7	9	3	2	1	8
8	1	9	4	2	6	5	7	3

87

3	1	8	7	2	9	5	4	6
4	5	9	8	1	6	3	2	7
7	6	2	5	4	3	8	9	1
5	9	6	2	7	4	1	3	8
8	4	3	9	6	1	7	5	2
1	2	7	3	8	5	9	6	4
6	3	1	4	9	8	2	7	5
9	7	4	1	5	2	6	8	3
2	8	5	6	3	7	4	1	9

88

8	6	1	7	4	9	3	2	5
5	2	7	8	3	1	9	6	4
4	3	9	2	6	5	1	8	7
6	9	3	5	2	4	8	7	1
7	8	4	1	9	6	5	3	2
1	5	2	3	7	8	6	4	9
2	1	5	6	8	7	4	9	3
3	4	6	9	5	2	7	1	8
9	7	8	4	1	3	2	5	6

89

1	5	3	8	7	2	6	9	4
2	6	7	4	5	9	3	1	8
4	8	9	1	6	3	7	5	2
8	9	4	5	3	1	2	7	6
7	2	1	6	8	4	5	3	9
5	3	6	2	9	7	8	4	1
6	4	8	7	1	5	9	2	3
9	7	2	3	4	8	1	6	5
3	1	5	9	2	6	4	8	7

90

5	4	9	3	7	1	8	2	6
8	2	3	6	4	9	1	7	5
1	6	7	2	5	8	4	9	3
4	8	2	1	3	6	7	5	9
6	9	5	7	2	4	3	1	8
7	3	1	8	9	5	6	4	2
9	1	4	5	8	3	2	6	7
2	5	8	4	6	7	9	3	1
3	7	6	9	1	2	5	8	4

91

5	7	3	8	4	2	1	6	9
9	1	2	7	3	6	4	5	8
8	4	6	5	9	1	2	3	7
4	9	8	1	6	5	3	7	2
6	3	7	9	2	8	5	4	1
1	2	5	3	7	4	8	9	6
3	8	1	6	5	7	9	2	4
2	6	9	4	1	3	7	8	5
7	5	4	2	8	9	6	1	3

Spiral Galaxies 1

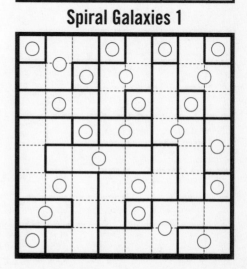

Spiral Galaxies 2

Spiral Galaxies 3

Spiral Galaxies 4

Spiral Galaxies 5

Spiral Galaxies 6

Spiral Galaxies 7

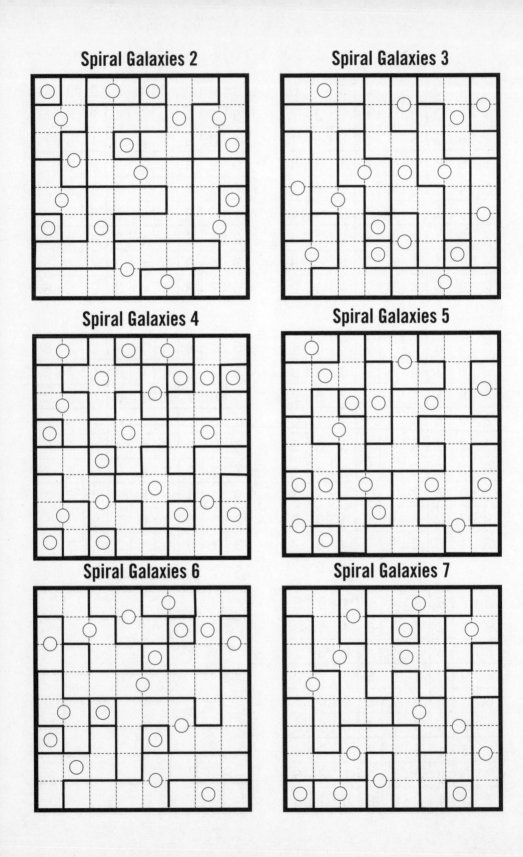

Spiral Galaxies 8

Spiral Galaxies 9

Spiral Galaxies 10

92

6	8	4	2	7	3	1	5	9
3	2	9	8	1	5	7	4	6
7	1	5	4	6	9	3	2	8
1	7	2	9	4	6	5	8	3
4	5	6	1	3	8	2	9	7
8	9	3	7	5	2	4	6	1
2	3	1	6	8	4	9	7	5
9	6	7	5	2	1	8	3	4
5	4	8	3	9	7	6	1	2

93

5	9	1	6	8	3	7	2	4
2	4	3	5	1	7	8	6	9
7	6	8	9	4	2	1	5	3
9	8	6	3	5	1	2	4	7
1	7	5	2	6	4	9	3	8
3	2	4	7	9	8	6	1	5
4	1	9	8	3	6	5	7	2
8	3	7	1	2	5	4	9	6
6	5	2	4	7	9	3	8	1

94

6	5	3	8	2	9	7	1	4
2	1	7	6	4	3	9	5	8
8	9	4	1	7	5	6	3	2
3	7	8	5	9	2	4	6	1
4	6	5	7	1	8	2	9	3
9	2	1	3	6	4	8	7	5
5	8	2	9	3	6	1	4	7
1	3	6	4	8	7	5	2	9
7	4	9	2	5	1	3	8	6

95

3	2	5	9	8	6	7	1	4
9	8	4	3	7	1	6	2	5
7	1	6	2	4	5	8	3	9
5	6	1	4	9	3	2	8	7
2	3	7	6	5	8	9	4	1
4	9	8	7	1	2	5	6	3
1	4	9	8	6	7	3	5	2
6	5	2	1	3	9	4	7	8
8	7	3	5	2	4	1	9	6

96

3	1	2	8	6	9	5	7	4
6	9	4	7	5	2	8	3	1
5	8	7	4	1	3	2	9	6
7	4	3	6	9	8	1	2	5
8	2	5	3	7	1	4	6	9
1	6	9	5	2	4	3	8	7
2	7	8	1	4	6	9	5	3
9	5	1	2	3	7	6	4	8
4	3	6	9	8	5	7	1	2

97

9	7	5	6	3	1	4	2	8
2	1	4	7	5	8	3	9	6
8	6	3	9	2	4	7	5	1
3	4	2	8	7	5	6	1	9
6	5	7	2	1	9	8	3	4
1	8	9	3	4	6	5	7	2
5	2	1	4	6	3	9	8	7
4	3	8	1	9	7	2	6	5
7	9	6	5	8	2	1	4	3

98

2	8	7	9	6	5	3	4	1
6	4	3	7	8	1	5	9	2
1	5	9	2	4	3	8	7	6
7	2	6	3	1	9	4	5	8
8	9	5	4	2	6	7	1	3
3	1	4	5	7	8	2	6	9
9	7	8	1	3	4	6	2	5
4	6	1	8	5	2	9	3	7
5	3	2	6	9	7	1	8	4

99

9	3	6	7	5	8	2	1	4
7	2	8	1	3	4	9	6	5
5	1	4	2	9	6	7	3	8
2	7	5	6	4	1	8	9	3
6	4	9	8	7	3	1	5	2
3	8	1	9	2	5	6	4	7
1	5	7	4	8	9	3	2	6
8	6	3	5	1	2	4	7	9
4	9	2	3	6	7	5	8	1

100

5	7	9	6	1	4	3	8	2
6	4	3	8	2	7	5	9	1
8	1	2	5	9	3	7	4	6
3	5	7	2	4	1	8	6	9
4	2	8	7	6	9	1	3	5
9	6	1	3	8	5	4	2	7
1	3	6	9	7	8	2	5	4
7	9	5	4	3	2	6	1	8
2	8	4	1	5	6	9	7	3

101

3	1	2	9	6	5	7	4	8
9	5	8	4	7	1	3	2	6
6	4	7	2	3	8	5	9	1
4	2	3	5	1	9	6	8	7
7	6	9	3	8	2	1	5	4
1	8	5	6	4	7	2	3	9
2	7	4	8	5	6	9	1	3
5	3	6	1	9	4	8	7	2
8	9	1	7	2	3	4	6	5

102

5	6	7	3	1	8	9	2	4
4	1	9	2	5	6	8	3	7
2	3	8	4	9	7	6	1	5
7	4	3	1	2	9	5	8	6
8	5	2	7	6	4	3	9	1
1	9	6	8	3	5	4	7	2
6	7	1	9	4	3	2	5	8
9	8	5	6	7	2	1	4	3
3	2	4	5	8	1	7	6	9

103

7	5	4	9	2	8	1	3	6
3	1	2	6	5	7	4	8	9
8	9	6	1	3	4	7	2	5
4	8	9	2	7	6	5	1	3
6	7	5	3	8	1	9	4	2
2	3	1	5	4	9	6	7	8
1	2	8	4	6	5	3	9	7
5	4	7	8	9	3	2	6	1
9	6	3	7	1	2	8	5	4

104

8	7	9	1	2	6	3	4	5
6	5	1	3	4	7	2	8	9
4	2	3	9	8	5	1	6	7
7	6	5	8	1	2	4	9	3
9	1	4	5	6	3	7	2	8
2	3	8	7	9	4	6	5	1
3	8	2	6	7	9	5	1	4
5	9	6	4	3	1	8	7	2
1	4	7	2	5	8	9	3	6

105

9	5	1	3	2	4	7	6	8
8	4	6	1	5	7	2	3	9
7	3	2	6	8	9	4	1	5
5	8	3	7	1	6	9	2	4
4	2	7	5	9	3	6	8	1
6	1	9	2	4	8	3	5	7
2	9	4	8	3	5	1	7	6
3	6	8	4	7	1	5	9	2
1	7	5	9	6	2	8	4	3

106

4	8	3	2	1	9	5	6	7
6	1	2	3	5	7	9	8	4
5	7	9	6	4	8	2	1	3
8	6	1	4	7	5	3	9	2
3	5	7	9	2	6	8	4	1
2	9	4	1	8	3	6	7	5
1	4	6	8	3	2	7	5	9
7	3	8	5	9	1	4	2	6
9	2	5	7	6	4	1	3	8

107

5	3	7	9	6	1	2	4	8
1	8	2	3	4	5	9	7	6
6	4	9	7	8	2	3	5	1
4	9	1	2	5	8	6	3	7
8	7	5	4	3	6	1	2	9
3	2	6	1	7	9	5	8	4
2	6	3	8	1	4	7	9	5
7	1	8	5	9	3	4	6	2
9	5	4	6	2	7	8	1	3

108

4	8	1	2	5	9	7	6	3
5	6	2	7	4	3	1	8	9
3	7	9	1	6	8	4	5	2
8	1	5	4	7	2	3	9	6
6	9	7	3	1	5	8	2	4
2	3	4	8	9	6	5	7	1
7	2	3	9	8	1	6	4	5
9	4	6	5	3	7	2	1	8
1	5	8	6	2	4	9	3	7

109

9	6	5	1	3	4	2	8	7
2	4	7	6	9	8	3	5	1
8	1	3	2	5	7	6	9	4
6	3	1	7	2	5	9	4	8
5	2	8	9	4	1	7	3	6
4	7	9	3	8	6	1	2	5
1	8	2	4	6	3	5	7	9
3	5	6	8	7	9	4	1	2
7	9	4	5	1	2	8	6	3

110

9	8	6	3	1	4	5	7	2
1	2	4	5	7	8	3	9	6
3	5	7	9	6	2	4	1	8
5	3	8	7	2	9	6	4	1
4	6	9	1	8	5	7	2	3
2	7	1	4	3	6	9	8	5
8	4	5	2	9	3	1	6	7
6	1	3	8	4	7	2	5	9
7	9	2	6	5	1	8	3	4

111

9	5	3	7	8	2	1	4	6
8	1	6	9	4	3	7	2	5
2	7	4	6	5	1	3	9	8
5	4	2	3	1	8	6	7	9
7	8	9	5	6	4	2	3	1
3	6	1	2	9	7	5	8	4
4	2	5	1	3	9	8	6	7
6	9	7	8	2	5	4	1	3
1	3	8	4	7	6	9	5	2

112

4	2	9	6	5	8	1	3	7
8	1	3	4	7	9	6	2	5
5	7	6	2	3	1	8	4	9
7	9	4	1	6	3	5	8	2
2	5	8	9	4	7	3	6	1
6	3	1	8	2	5	9	7	4
1	4	5	7	8	6	2	9	3
3	6	2	5	9	4	7	1	8
9	8	7	3	1	2	4	5	6

113

6	5	1	2	7	4	8	9	3
7	4	8	9	3	6	5	1	2
2	3	9	8	5	1	7	4	6
3	6	4	1	8	7	2	5	9
9	1	7	4	2	5	3	6	8
8	2	5	6	9	3	4	7	1
1	7	2	3	4	9	6	8	5
5	9	3	7	6	8	1	2	4
4	8	6	5	1	2	9	3	7

114

2	7	3	8	1	5	9	4	6
8	6	4	9	3	7	5	1	2
9	1	5	4	2	6	7	3	8
5	3	2	7	6	8	1	9	4
6	8	9	5	4	1	2	7	3
7	4	1	2	9	3	8	6	5
4	9	8	6	7	2	3	5	1
3	5	7	1	8	4	6	2	9
1	2	6	3	5	9	4	8	7

115

1	7	6	4	8	9	3	2	5
9	2	3	5	1	6	4	8	7
5	4	8	7	3	2	9	6	1
3	6	7	2	9	1	8	5	4
8	1	9	3	4	5	6	7	2
4	5	2	8	6	7	1	3	9
6	3	5	1	7	4	2	9	8
2	9	1	6	5	8	7	4	3
7	8	4	9	2	3	5	1	6

116

5	1	3	9	4	7	6	8	2
8	6	4	3	2	5	1	7	9
7	2	9	1	6	8	3	4	5
4	3	5	8	7	6	9	2	1
6	8	7	2	9	1	4	5	3
2	9	1	5	3	4	8	6	7
1	5	2	6	8	9	7	3	4
3	7	8	4	1	2	5	9	6
9	4	6	7	5	3	2	1	8

117

3	2	4	8	9	5	7	1	6
9	7	8	3	6	1	2	4	5
5	1	6	7	2	4	8	9	3
4	9	7	2	1	3	6	5	8
8	3	1	4	5	6	9	2	7
6	5	2	9	7	8	1	3	4
1	8	5	6	4	9	3	7	2
7	4	3	1	8	2	5	6	9
2	6	9	5	3	7	4	8	1

118

2	1	5	8	3	9	6	4	7
3	6	9	5	4	7	1	8	2
7	4	8	1	6	2	3	9	5
6	7	4	2	9	3	8	5	1
1	8	2	4	5	6	7	3	9
5	9	3	7	8	1	4	2	6
9	2	6	3	7	8	5	1	4
8	5	1	6	2	4	9	7	3
4	3	7	9	1	5	2	6	8

119

2	5	4	1	6	9	3	8	7
3	7	6	4	2	8	5	1	9
8	1	9	7	5	3	6	4	2
6	3	5	9	1	2	8	7	4
7	9	2	6	8	4	1	5	3
4	8	1	5	3	7	2	9	6
5	4	3	2	9	1	7	6	8
9	6	8	3	7	5	4	2	1
1	2	7	8	4	6	9	3	5

120

4	3	9	2	1	8	5	6	7
2	5	8	7	6	3	9	1	4
6	1	7	5	4	9	8	2	3
3	9	2	4	5	6	7	8	1
5	4	6	1	8	7	3	9	2
7	8	1	3	9	2	6	4	5
9	2	5	8	7	4	1	3	6
1	6	3	9	2	5	4	7	8
8	7	4	6	3	1	2	5	9

121

2	3	4	5	8	9	6	7	1
7	6	5	3	1	4	9	8	2
9	8	1	7	2	6	5	3	4
5	9	6	2	4	7	3	1	8
1	4	7	9	3	8	2	5	6
3	2	8	1	6	5	7	4	9
8	5	3	6	9	1	4	2	7
4	7	9	8	5	2	1	6	3
6	1	2	4	7	3	8	9	5

122

6	9	3	8	5	2	7	4	1
5	4	2	7	6	1	8	9	3
1	7	8	9	3	4	5	2	6
4	2	5	3	1	8	6	7	9
3	1	6	4	7	9	2	5	8
9	8	7	6	2	5	3	1	4
8	3	1	2	4	7	9	6	5
7	5	9	1	8	6	4	3	2
2	6	4	5	9	3	1	8	7

123

1	6	7	9	2	4	3	5	8
5	2	3	7	8	1	6	9	4
4	8	9	6	3	5	1	2	7
9	3	8	1	5	6	4	7	2
2	7	1	3	4	8	9	6	5
6	5	4	2	7	9	8	3	1
7	1	6	4	9	2	5	8	3
8	4	2	5	6	3	7	1	9
3	9	5	8	1	7	2	4	6

124

7	8	9	1	2	4	3	5	6
6	4	2	5	8	3	7	1	9
1	3	5	7	6	9	8	2	4
2	1	4	9	7	6	5	8	3
5	6	8	3	1	2	9	4	7
3	9	7	8	4	5	2	6	1
8	7	3	6	5	1	4	9	2
4	5	6	2	9	7	1	3	8
9	2	1	4	3	8	6	7	5

125

4	6	9	1	8	7	5	3	2
1	7	5	3	2	6	9	8	4
3	8	2	9	5	4	1	7	6
6	9	7	5	3	8	2	4	1
5	3	1	2	4	9	8	6	7
8	2	4	7	6	1	3	5	9
9	5	3	6	7	2	4	1	8
7	1	8	4	9	5	6	2	3
2	4	6	8	1	3	7	9	5

126

6	3	2	7	1	9	4	5	8
7	4	5	3	2	8	1	9	6
1	9	8	5	6	4	3	2	7
4	5	6	9	8	3	2	7	1
9	2	1	6	5	7	8	4	3
3	8	7	1	4	2	5	6	9
5	7	9	4	3	1	6	8	2
8	1	4	2	7	6	9	3	5
2	6	3	8	9	5	7	1	4

127

9	8	2	1	4	7	6	3	5
5	7	6	3	2	9	8	4	1
1	3	4	6	5	8	2	9	7
6	9	1	4	3	5	7	2	8
3	5	8	9	7	2	1	6	4
2	4	7	8	6	1	3	5	9
8	1	5	2	9	3	4	7	6
7	6	3	5	8	4	9	1	2
4	2	9	7	1	6	5	8	3

128

5	6	1	2	9	8	3	4	7
7	8	2	4	6	3	5	1	9
9	3	4	7	5	1	6	8	2
4	2	5	3	7	9	8	6	1
6	1	7	8	2	5	9	3	4
3	9	8	1	4	6	7	2	5
1	7	3	5	8	2	4	9	6
8	5	6	9	1	4	2	7	3
2	4	9	6	3	7	1	5	8

129

8	2	3	4	9	5	7	6	1
5	6	4	7	3	1	9	2	8
9	1	7	6	2	8	5	4	3
3	8	2	5	1	7	4	9	6
1	4	5	9	6	2	8	3	7
6	7	9	8	4	3	1	5	2
4	9	8	3	7	6	2	1	5
2	5	6	1	8	9	3	7	4
7	3	1	2	5	4	6	8	9

130

6	4	7	8	9	5	2	1	3
5	1	9	7	3	2	6	8	4
2	8	3	4	1	6	9	7	5
3	9	2	1	6	7	5	4	8
7	5	4	3	2	8	1	6	9
8	6	1	9	5	4	3	2	7
1	3	8	6	4	9	7	5	2
9	7	5	2	8	1	4	3	6
4	2	6	5	7	3	8	9	1

Alternate Corners 1

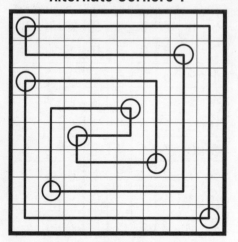

Alternate Corners 2

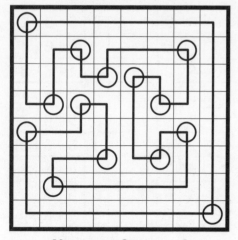

Alternate Corners 3

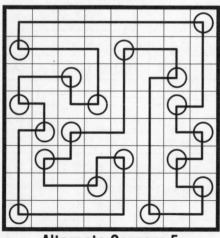

Alternate Corners 4

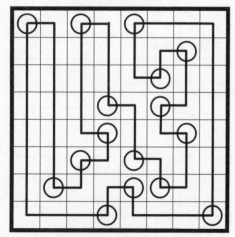

Alternate Corners 5

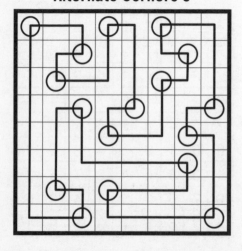

Alternate Corners 6

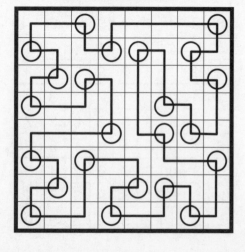

Alternate Corners 7

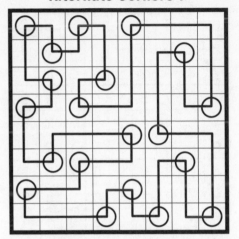

Alternate Corners 8

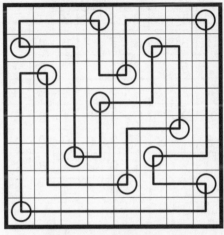

Alternate Corners 9

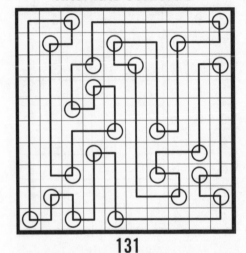

Alternate Corners 10

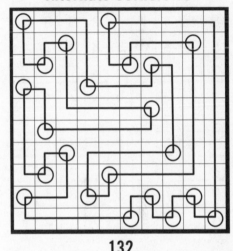

131

8	4	7	5	3	6	1	2	9
6	1	3	8	9	2	7	4	5
9	2	5	1	7	4	6	3	8
2	6	9	3	1	8	4	5	7
5	7	4	6	2	9	8	1	3
3	8	1	7	4	5	9	6	2
4	3	2	9	8	1	5	7	6
1	5	8	2	6	7	3	9	4
7	9	6	4	5	3	2	8	1

132

5	8	6	7	2	9	1	3	4
4	7	1	3	5	6	2	9	8
9	3	2	8	1	4	5	7	6
6	5	8	1	4	7	9	2	3
2	1	9	5	8	3	6	4	7
7	4	3	9	6	2	8	1	5
8	9	5	4	7	1	3	6	2
1	2	4	6	3	5	7	8	9
3	6	7	2	9	8	4	5	1

133

2	4	6	8	5	9	3	1	7
1	8	9	3	7	2	6	4	5
7	5	3	6	1	4	2	8	9
4	3	7	9	2	1	8	5	6
6	9	2	5	4	8	1	7	3
5	1	8	7	3	6	9	2	4
8	2	5	4	9	3	7	6	1
9	7	1	2	6	5	4	3	8
3	6	4	1	8	7	5	9	2

134

8	9	1	3	4	7	5	6	2
3	2	5	9	6	1	4	7	8
7	4	6	2	8	5	3	9	1
2	3	7	5	1	6	8	4	9
1	5	4	8	2	9	7	3	6
6	8	9	4	7	3	1	2	5
4	1	3	6	9	8	2	5	7
9	7	2	1	5	4	6	8	3
5	6	8	7	3	2	9	1	4

135

8	6	4	7	1	2	3	5	9
5	7	3	6	9	8	4	2	1
2	9	1	4	5	3	7	8	6
3	4	8	1	6	9	2	7	5
6	1	2	3	7	5	9	4	8
7	5	9	2	8	4	6	1	3
1	3	6	8	4	7	5	9	2
9	2	7	5	3	1	8	6	4
4	8	5	9	2	6	1	3	7

136

3	9	5	8	7	6	2	4	1
8	2	1	9	3	4	5	6	7
7	6	4	5	2	1	9	3	8
5	8	2	7	1	3	6	9	4
1	3	6	2	4	9	8	7	5
9	4	7	6	5	8	1	2	3
6	7	9	3	8	5	4	1	2
2	1	8	4	6	7	3	5	9
4	5	3	1	9	2	7	8	6

137

4	6	9	5	1	7	2	3	8
8	7	3	9	4	2	1	5	6
2	1	5	6	8	3	7	9	4
6	8	4	3	5	1	9	7	2
5	9	1	7	2	8	4	6	3
7	3	2	4	6	9	5	8	1
3	2	6	1	9	5	8	4	7
9	4	8	2	7	6	3	1	5
1	5	7	8	3	4	6	2	9

138

2	1	5	8	4	7	6	3	9
4	3	9	2	6	5	1	7	8
6	7	8	9	1	3	5	2	4
9	2	3	5	8	6	4	1	7
1	5	7	4	9	2	8	6	3
8	6	4	3	7	1	2	9	5
5	4	1	6	3	9	7	8	2
7	9	2	1	5	8	3	4	6
3	8	6	7	2	4	9	5	1

139

7	1	3	9	5	4	8	6	2
2	6	5	8	7	1	9	3	4
4	9	8	3	6	2	7	1	5
1	8	7	4	9	6	2	5	3
3	2	9	5	1	8	6	4	7
5	4	6	7	2	3	1	9	8
8	5	2	6	3	9	4	7	1
6	3	4	1	8	7	5	2	9
9	7	1	2	4	5	3	8	6

140

8	7	1	9	3	2	6	5	4
2	4	9	6	5	1	3	8	7
5	3	6	7	8	4	1	2	9
4	1	7	5	2	6	8	9	3
3	9	5	1	7	8	4	6	2
6	2	8	3	4	9	7	1	5
1	5	4	8	9	3	2	7	6
7	8	3	2	6	5	9	4	1
9	6	2	4	1	7	5	3	8

141

8	2	4	3	5	1	9	7	6
9	3	1	7	4	6	5	8	2
7	5	6	8	9	2	3	4	1
5	9	7	2	3	8	6	1	4
6	4	3	1	7	5	2	9	8
1	8	2	4	6	9	7	3	5
4	6	5	9	1	3	8	2	7
3	7	8	6	2	4	1	5	9
2	1	9	5	8	7	4	6	3

142

6	2	7	3	1	9	4	5	8
4	3	5	7	2	8	9	1	6
8	9	1	5	6	4	7	3	2
3	7	4	1	9	6	8	2	5
5	8	6	4	7	2	1	9	3
9	1	2	8	3	5	6	4	7
7	5	8	9	4	3	2	6	1
1	6	9	2	5	7	3	8	4
2	4	3	6	8	1	5	7	9

143

9	5	7	4	2	6	3	8	1
8	1	4	7	3	5	2	9	6
6	3	2	1	8	9	5	7	4
4	8	9	3	6	7	1	2	5
3	7	6	5	1	2	9	4	8
1	2	5	9	4	8	7	6	3
5	9	1	6	7	4	8	3	2
2	6	3	8	9	1	4	5	7
7	4	8	2	5	3	6	1	9

144

8	1	6	5	4	2	9	7	3
3	5	2	6	7	9	1	4	8
4	7	9	1	8	3	2	5	6
6	4	3	8	9	5	7	1	2
5	8	1	7	2	4	3	6	9
9	2	7	3	1	6	4	8	5
1	3	5	9	6	7	8	2	4
2	6	8	4	3	1	5	9	7
7	9	4	2	5	8	6	3	1

145

7	4	9	3	8	6	2	5	1
5	8	3	2	4	1	9	7	6
6	1	2	9	7	5	3	4	8
9	6	5	8	1	3	7	2	4
2	7	8	4	5	9	6	1	3
4	3	1	7	6	2	8	9	5
1	5	7	6	2	8	4	3	9
3	2	6	5	9	4	1	8	7
8	9	4	1	3	7	5	6	2

146

3	5	6	9	7	4	2	1	8
9	8	2	5	1	6	4	3	7
4	7	1	2	8	3	5	9	6
8	9	5	1	3	7	6	4	2
6	3	4	8	2	5	9	7	1
1	2	7	4	6	9	8	5	3
7	6	9	3	4	8	1	2	5
2	4	3	6	5	1	7	8	9
5	1	8	7	9	2	3	6	4

147

2	6	4	5	3	8	9	7	1
3	8	5	9	1	7	6	2	4
7	1	9	2	6	4	3	5	8
5	7	3	8	4	6	2	1	9
8	9	2	1	7	5	4	3	6
1	4	6	3	9	2	7	8	5
9	2	7	6	8	1	5	4	3
6	5	1	4	2	3	8	9	7
4	3	8	7	5	9	1	6	2

148

8	5	1	3	2	6	9	7	4
2	4	7	8	9	5	1	6	3
6	3	9	4	1	7	8	5	2
1	8	5	6	7	4	2	3	9
4	7	2	5	3	9	6	1	8
3	9	6	2	8	1	7	4	5
7	1	3	9	5	8	4	2	6
9	2	4	1	6	3	5	8	7
5	6	8	7	4	2	3	9	1

149

4	8	6	5	3	2	1	9	7
2	3	7	9	8	1	5	6	4
5	1	9	4	6	7	3	2	8
1	9	2	6	5	8	7	4	3
7	5	3	2	9	4	6	8	1
8	6	4	7	1	3	9	5	2
6	7	1	8	4	9	2	3	5
3	4	5	1	2	6	8	7	9
9	2	8	3	7	5	4	1	6

150

3	6	4	1	8	9	2	5	7
8	5	9	2	4	7	1	3	6
1	7	2	3	6	5	9	4	8
9	4	6	5	1	2	8	7	3
7	3	8	4	9	6	5	1	2
2	1	5	7	3	8	4	6	9
4	2	1	9	7	3	6	8	5
6	9	3	8	5	1	7	2	4
5	8	7	6	2	4	3	9	1

151

9	1	8	5	4	3	2	6	7
4	5	3	7	2	6	1	8	9
6	2	7	8	9	1	5	4	3
2	4	1	3	8	5	9	7	6
7	6	9	2	1	4	3	5	8
8	3	5	6	7	9	4	1	2
1	7	2	4	3	8	6	9	5
5	8	4	9	6	2	7	3	1
3	9	6	1	5	7	8	2	4

152

7	9	3	2	8	4	6	1	5
1	5	8	7	6	3	9	2	4
2	6	4	5	1	9	7	3	8
9	1	2	4	7	6	5	8	3
5	4	6	9	3	8	2	7	1
8	3	7	1	2	5	4	9	6
3	7	1	6	5	2	8	4	9
6	2	9	8	4	1	3	5	7
4	8	5	3	9	7	1	6	2

153

2	5	3	1	8	7	6	4	9
4	6	8	9	2	5	3	7	1
9	7	1	4	6	3	5	2	8
8	2	5	7	1	6	4	9	3
7	1	4	3	9	8	2	6	5
3	9	6	2	5	4	8	1	7
5	3	9	6	7	2	1	8	4
6	8	7	5	4	1	9	3	2
1	4	2	8	3	9	7	5	6

154

3	1	8	9	2	4	6	7	5
9	7	6	1	3	5	2	4	8
2	5	4	6	8	7	1	3	9
7	4	1	8	9	3	5	2	6
6	3	5	7	1	2	9	8	4
8	2	9	4	5	6	3	1	7
1	6	3	5	7	8	4	9	2
4	9	7	2	6	1	8	5	3
5	8	2	3	4	9	7	6	1

155

6	7	8	3	2	5	1	9	4
3	4	5	9	8	1	2	6	7
1	9	2	4	7	6	8	3	5
8	1	3	5	9	2	4	7	6
4	5	7	1	6	8	9	2	3
9	2	6	7	3	4	5	8	1
2	6	4	8	5	3	7	1	9
5	3	9	2	1	7	6	4	8
7	8	1	6	4	9	3	5	2

156

9	6	2	4	5	1	3	7	8
8	4	3	7	6	9	2	1	5
7	5	1	2	8	3	4	6	9
1	7	8	9	3	6	5	4	2
5	9	4	8	2	7	6	3	1
3	2	6	5	1	4	8	9	7
6	1	5	3	7	8	9	2	4
2	3	9	1	4	5	7	8	6
4	8	7	6	9	2	1	5	3

157

1	2	8	9	7	3	4	6	5
3	4	5	1	6	8	7	2	9
7	9	6	2	4	5	1	3	8
5	6	2	8	9	4	3	1	7
4	3	9	7	1	6	8	5	2
8	1	7	5	3	2	9	4	6
2	5	1	3	8	7	6	9	4
6	8	3	4	2	9	5	7	1
9	7	4	6	5	1	2	8	3

158

3	4	7	5	1	2	9	8	6
8	1	2	9	6	4	3	5	7
5	9	6	3	8	7	2	4	1
6	3	1	4	9	8	5	7	2
2	5	9	7	3	6	8	1	4
4	7	8	1	2	5	6	9	3
7	8	3	6	5	1	4	2	9
1	6	5	2	4	9	7	3	8
9	2	4	8	7	3	1	6	5

159

3	8	9	4	5	7	6	1	2
2	6	7	9	8	1	4	3	5
4	1	5	2	6	3	8	9	7
1	2	6	8	7	4	9	5	3
8	9	4	3	2	5	1	7	6
5	7	3	1	9	6	2	8	4
6	3	2	5	1	9	7	4	8
9	5	8	7	4	2	3	6	1
7	4	1	6	3	8	5	2	9

160

9	8	2	1	5	4	3	6	7
7	1	5	3	9	6	8	2	4
4	6	3	2	7	8	5	9	1
6	5	4	9	3	7	1	8	2
2	9	7	6	8	1	4	3	5
8	3	1	5	4	2	9	7	6
3	2	6	8	1	5	7	4	9
5	7	8	4	2	9	6	1	3
1	4	9	7	6	3	2	5	8

161

9	2	7	4	3	6	8	5	1
6	5	8	7	9	1	2	4	3
4	1	3	8	5	2	7	9	6
2	7	4	5	1	3	6	8	9
3	6	5	9	4	8	1	7	2
8	9	1	6	2	7	5	3	4
1	8	9	2	7	4	3	6	5
5	3	6	1	8	9	4	2	7
7	4	2	3	6	5	9	1	8

162

7	4	1	2	9	6	8	5	3
5	3	2	1	8	4	6	9	7
6	8	9	7	5	3	4	1	2
4	2	3	6	1	5	7	8	9
1	6	7	9	2	8	3	4	5
9	5	8	4	3	7	1	2	6
2	1	6	3	4	9	5	7	8
8	7	4	5	6	2	9	3	1
3	9	5	8	7	1	2	6	4

163

6	5	9	1	8	4	2	7	3
1	3	2	7	5	9	4	8	6
7	8	4	3	6	2	5	9	1
4	9	8	6	7	3	1	2	5
3	2	1	5	9	8	7	6	4
5	6	7	4	2	1	9	3	8
2	4	3	9	1	6	8	5	7
8	1	5	2	3	7	6	4	9
9	7	6	8	4	5	3	1	2

164

9	8	1	3	7	4	2	5	6
5	6	7	9	8	2	4	3	1
3	2	4	1	6	5	7	9	8
4	9	8	6	5	3	1	7	2
2	7	3	4	1	8	5	6	9
1	5	6	7	2	9	8	4	3
6	1	5	2	9	7	3	8	4
8	4	9	5	3	1	6	2	7
7	3	2	8	4	6	9	1	5

165

2	3	8	1	5	7	9	4	6
4	9	1	6	2	3	8	5	7
6	7	5	8	9	4	3	2	1
7	4	9	5	3	6	2	1	8
1	2	6	4	7	8	5	3	9
5	8	3	9	1	2	7	6	4
9	6	4	3	8	5	1	7	2
8	5	2	7	6	1	4	9	3
3	1	7	2	4	9	6	8	5

166

5	6	2	4	8	3	9	7	1
1	4	8	5	9	7	3	2	6
9	3	7	2	1	6	8	4	5
4	2	9	7	5	8	6	1	3
7	8	3	9	6	1	2	5	4
6	1	5	3	2	4	7	9	8
3	5	1	6	7	9	4	8	2
8	9	4	1	3	2	5	6	7
2	7	6	8	4	5	1	3	9

167

6	7	9	2	4	1	5	8	3
4	5	3	6	9	8	7	1	2
2	1	8	5	3	7	6	9	4
7	3	5	1	8	9	4	2	6
9	2	4	7	5	6	8	3	1
8	6	1	3	2	4	9	5	7
1	8	2	4	7	5	3	6	9
5	4	6	9	1	3	2	7	8
3	9	7	8	6	2	1	4	5

168

9	3	7	2	6	1	8	5	4
4	5	2	8	9	7	6	3	1
8	1	6	3	4	5	7	2	9
1	9	8	7	3	6	5	4	2
5	7	4	1	2	9	3	8	6
2	6	3	5	8	4	9	1	7
3	4	5	9	7	2	1	6	8
7	2	1	6	5	8	4	9	3
6	8	9	4	1	3	2	7	5

169

4	3	2	5	9	6	1	8	7
8	5	6	7	1	4	9	2	3
1	7	9	2	8	3	5	6	4
5	9	4	6	3	2	8	7	1
3	6	8	1	7	5	4	9	2
2	1	7	9	4	8	3	5	6
7	8	5	3	2	1	6	4	9
9	4	3	8	6	7	2	1	5
6	2	1	4	5	9	7	3	8

170

9	2	8	6	7	3	5	4	1
6	7	4	8	1	5	2	9	3
3	1	5	9	2	4	6	8	7
1	5	9	4	3	8	7	6	2
2	6	3	5	9	7	8	1	4
4	8	7	1	6	2	9	3	5
7	9	2	3	4	6	1	5	8
8	3	6	7	5	1	4	2	9
5	4	1	2	8	9	3	7	6

171

6	5	7	4	9	1	2	8	3
9	2	4	8	3	5	1	7	6
8	3	1	7	2	6	4	9	5
3	4	2	5	1	7	9	6	8
5	7	8	2	6	9	3	4	1
1	6	9	3	8	4	5	2	7
2	1	5	9	7	8	6	3	4
7	9	6	1	4	3	8	5	2
4	8	3	6	5	2	7	1	9

Snaky Tiles 1

				7	7			
					5	5		
		5	4	4	8			
7	5							7
7				4	4		5	7
			8			5		
			5	5				
				7	7			

Snaky Tiles 2

7						7	10
4		9					
4		4					5
		4			5		6
	8						4
			7		6		
	9	8		10		4	
				7			

Snaky Tiles 3

							9
	5			5			7
		10			4		
			5	9		5	
	10				4		
	6		5	7	7		
	7					5	6
			6	6			

Snaky Tiles 4

Snaky Tiles 5

Snaky Tiles 6

Snaky Tiles 7

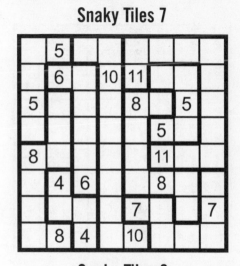

Snaky Tiles 8

Snaky Tiles 9

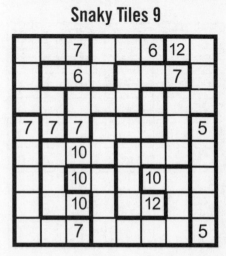

Snaky Tiles 10

	6							
						9	4	
		8	8	6				
				8	4			
	8		8				9	4
5		8						
	4						4	8
		5	4	8				

172

3	6	9	2	4	1	8	7	5
7	4	2	5	8	3	9	6	1
1	5	8	7	9	6	3	4	2
5	7	4	3	6	8	2	1	9
9	3	6	1	2	5	7	8	4
8	2	1	4	7	9	5	3	6
2	9	7	8	1	4	6	5	3
4	8	5	6	3	2	1	9	7
6	1	3	9	5	7	4	2	8

173

3	5	1	7	2	8	6	9	4
6	9	2	3	1	4	7	8	5
7	8	4	9	5	6	3	2	1
8	6	5	4	9	7	2	1	3
9	2	3	1	6	5	4	7	8
1	4	7	2	8	3	5	6	9
4	3	9	6	7	1	8	5	2
2	7	8	5	3	9	1	4	6
5	1	6	8	4	2	9	3	7

174

1	6	2	3	7	8	4	9	5
4	5	7	1	9	2	6	3	8
8	3	9	6	4	5	2	7	1
6	8	1	9	3	4	5	2	7
5	7	3	2	8	6	1	4	9
9	2	4	7	5	1	3	8	6
3	4	8	5	6	7	9	1	2
2	9	6	8	1	3	7	5	4
7	1	5	4	2	9	8	6	3

175

1	6	5	3	7	4	9	2	8
4	2	9	1	8	6	7	3	5
3	8	7	9	5	2	4	6	1
6	9	3	5	4	8	1	7	2
8	4	2	7	6	1	3	5	9
7	5	1	2	3	9	8	4	6
5	1	4	8	2	3	6	9	7
9	7	6	4	1	5	2	8	3
2	3	8	6	9	7	5	1	4

176

7	2	8	6	1	3	4	9	5
1	9	6	4	5	7	3	2	8
4	5	3	9	2	8	1	7	6
9	6	5	1	4	2	8	3	7
8	1	4	7	3	9	5	6	2
3	7	2	8	6	5	9	1	4
6	8	9	3	7	4	2	5	1
5	4	1	2	9	6	7	8	3
2	3	7	5	8	1	6	4	9

177

3	7	2	8	5	4	1	9	6
5	8	4	9	6	1	2	7	3
6	9	1	7	3	2	4	8	5
2	6	3	1	4	9	8	5	7
9	4	7	3	8	5	6	1	2
8	1	5	6	2	7	3	4	9
4	3	9	5	1	6	7	2	8
1	5	8	2	7	3	9	6	4
7	2	6	4	9	8	5	3	1

178

3	1	5	7	2	4	6	8	9
6	4	2	9	3	8	5	7	1
7	8	9	1	6	5	4	3	2
1	9	6	5	8	3	2	4	7
2	7	8	4	9	1	3	5	6
4	5	3	6	7	2	9	1	8
8	3	1	2	5	9	7	6	4
9	6	4	3	1	7	8	2	5
5	2	7	8	4	6	1	9	3

179

6	3	2	1	7	5	9	8	4
7	8	5	6	9	4	3	1	2
4	1	9	3	2	8	5	7	6
5	2	7	8	4	3	6	9	1
8	4	6	2	1	9	7	3	5
3	9	1	5	6	7	4	2	8
1	6	4	7	3	2	8	5	9
9	7	8	4	5	1	2	6	3
2	5	3	9	8	6	1	4	7

180

4	1	3	8	5	2	6	7	9
5	9	2	4	6	7	8	1	3
6	7	8	3	9	1	4	5	2
8	5	4	2	3	9	1	6	7
7	6	9	5	1	4	3	2	8
3	2	1	7	8	6	5	9	4
2	3	5	6	7	8	9	4	1
9	4	6	1	2	3	7	8	5
1	8	7	9	4	5	2	3	6

181

5	1	9	8	3	4	6	2	7
2	4	7	6	5	1	9	8	3
8	3	6	9	2	7	4	1	5
3	7	2	4	8	9	5	6	1
6	8	4	3	1	5	2	7	9
9	5	1	7	6	2	8	3	4
4	2	3	5	7	6	1	9	8
1	9	8	2	4	3	7	5	6
7	6	5	1	9	8	3	4	2

182

7	9	3	2	8	4	5	6	1
8	4	1	5	9	6	2	7	3
6	5	2	7	1	3	4	9	8
3	2	8	6	5	9	7	1	4
5	6	7	3	4	1	9	8	2
9	1	4	8	2	7	3	5	6
1	3	9	4	7	8	6	2	5
4	7	5	1	6	2	8	3	9
2	8	6	9	3	5	1	4	7

183

3	6	9	1	4	2	5	8	7
1	4	7	6	8	5	2	9	3
5	8	2	3	7	9	1	6	4
7	9	6	5	1	4	3	2	8
4	2	5	9	3	8	7	1	6
8	1	3	7	2	6	4	5	9
9	3	4	2	6	1	8	7	5
6	7	1	8	5	3	9	4	2
2	5	8	4	9	7	6	3	1

184

1	8	9	7	6	2	3	4	5
7	4	2	5	3	9	8	6	1
6	3	5	1	8	4	7	9	2
9	1	7	2	5	8	4	3	6
3	5	6	4	1	7	2	8	9
8	2	4	3	9	6	5	1	7
2	7	1	6	4	3	9	5	8
5	9	3	8	7	1	6	2	4
4	6	8	9	2	5	1	7	3

185

2	1	8	9	6	7	4	3	5
5	4	7	2	8	3	1	9	6
3	6	9	4	1	5	8	2	7
8	2	5	1	7	4	9	6	3
7	3	4	6	2	9	5	1	8
1	9	6	3	5	8	2	7	4
4	7	3	8	9	2	6	5	1
6	8	2	5	3	1	7	4	9
9	5	1	7	4	6	3	8	2

186

4	2	7	8	5	3	9	6	1
6	1	3	4	2	9	7	5	8
8	5	9	6	1	7	2	3	4
9	3	1	2	7	4	6	8	5
2	4	6	5	8	1	3	9	7
7	8	5	3	9	6	4	1	2
5	6	2	9	4	8	1	7	3
3	7	4	1	6	5	8	2	9
1	9	8	7	3	2	5	4	6

187

4	7	9	2	8	5	1	6	3
3	2	6	1	4	7	8	5	9
1	8	5	9	3	6	7	2	4
9	6	3	7	2	8	4	1	5
5	4	8	3	9	1	6	7	2
2	1	7	6	5	4	9	3	8
6	9	2	8	7	3	5	4	1
7	3	4	5	1	9	2	8	6
8	5	1	4	6	2	3	9	7

188

4	8	9	2	1	3	5	7	6
3	1	2	5	7	6	4	9	8
5	7	6	9	8	4	3	1	2
9	2	4	1	3	7	6	8	5
6	3	7	8	5	2	1	4	9
1	5	8	6	4	9	7	2	3
8	6	3	7	2	1	9	5	4
7	9	5	4	6	8	2	3	1
2	4	1	3	9	5	8	6	7

189

7	4	6	2	3	5	8	1	9
9	1	3	4	7	8	5	2	6
5	8	2	1	6	9	4	7	3
8	9	4	5	2	7	6	3	1
6	5	1	9	4	3	2	8	7
2	3	7	8	1	6	9	5	4
1	6	8	3	9	2	7	4	5
3	7	5	6	8	4	1	9	2
4	2	9	7	5	1	3	6	8

190

8	5	3	4	6	9	2	7	1
6	9	2	1	3	7	5	8	4
7	4	1	8	2	5	3	6	9
9	3	4	6	1	2	7	5	8
2	7	8	5	9	4	1	3	6
1	6	5	7	8	3	4	9	2
5	8	9	3	4	1	6	2	7
3	1	6	2	7	8	9	4	5
4	2	7	9	5	6	8	1	3

191

3	9	5	7	2	4	8	6	1
2	6	7	3	1	8	9	5	4
1	8	4	9	5	6	3	2	7
7	1	3	4	8	2	6	9	5
5	4	9	6	3	7	1	8	2
8	2	6	1	9	5	7	4	3
4	7	1	2	6	9	5	3	8
9	3	8	5	4	1	2	7	6
6	5	2	8	7	3	4	1	9

192

6	8	3	1	5	9	7	4	2
5	1	7	2	4	3	9	8	6
9	2	4	8	7	6	3	5	1
1	5	8	9	6	2	4	7	3
4	9	6	5	3	7	1	2	8
7	3	2	4	8	1	6	9	5
3	4	9	6	2	5	8	1	7
8	7	5	3	1	4	2	6	9
2	6	1	7	9	8	5	3	4

193

8	6	3	1	5	9	2	4	7
5	1	7	2	4	3	8	6	9
4	2	9	7	6	8	5	3	1
1	9	2	6	3	4	7	8	5
3	5	6	9	8	7	4	1	2
7	4	8	5	2	1	6	9	3
2	3	5	8	9	6	1	7	4
9	8	1	4	7	2	3	5	6
6	7	4	3	1	5	9	2	8

194

7	9	2	6	5	3	4	8	1
4	6	1	8	2	7	5	9	3
5	3	8	1	9	4	2	7	6
9	8	6	2	7	1	3	5	4
1	4	7	5	3	9	6	2	8
3	2	5	4	6	8	9	1	7
6	5	4	7	8	2	1	3	9
8	1	3	9	4	5	7	6	2
2	7	9	3	1	6	8	4	5

195

2	5	8	1	7	3	4	6	9
7	6	1	9	4	2	8	5	3
3	4	9	8	5	6	1	7	2
4	2	5	3	6	9	7	8	1
1	8	3	7	2	5	6	9	4
9	7	6	4	1	8	2	3	5
5	9	4	2	8	7	3	1	6
6	1	7	5	3	4	9	2	8
8	3	2	6	9	1	5	4	7

196

6	7	5	8	9	2	4	3	1
9	1	2	4	6	3	5	8	7
4	3	8	7	5	1	9	6	2
3	2	4	5	7	9	8	1	6
7	8	6	1	3	4	2	9	5
5	9	1	6	2	8	7	4	3
1	6	9	2	8	7	3	5	4
8	4	7	3	1	5	6	2	9
2	5	3	9	4	6	1	7	8

197

4	5	7	2	1	6	3	9	8
8	6	3	4	9	7	2	5	1
9	2	1	3	8	5	4	7	6
2	4	8	7	6	1	5	3	9
1	3	5	9	4	2	8	6	7
7	9	6	8	5	3	1	4	2
5	1	9	6	2	4	7	8	3
6	7	4	1	3	8	9	2	5
3	8	2	5	7	9	6	1	4

198

2	3	7	9	5	1	8	4	6
8	9	4	7	6	2	3	5	1
1	5	6	8	4	3	2	7	9
9	1	3	5	8	6	4	2	7
7	4	5	2	1	9	6	8	3
6	2	8	3	7	4	1	9	5
4	7	2	1	3	5	9	6	8
5	6	1	4	9	8	7	3	2
3	8	9	6	2	7	5	1	4

199

7	3	4	2	6	1	9	5	8
6	8	1	9	5	4	2	7	3
5	9	2	8	3	7	4	1	6
9	5	6	1	7	2	8	3	4
3	2	7	4	8	5	6	9	1
4	1	8	3	9	6	5	2	7
1	6	3	5	2	8	7	4	9
8	4	5	7	1	9	3	6	2
2	7	9	6	4	3	1	8	5

200

8	9	6	3	2	7	5	4	1
4	2	1	8	5	9	3	7	6
5	7	3	4	6	1	9	2	8
3	4	9	1	8	2	6	5	7
6	1	5	7	9	3	2	8	4
2	8	7	6	4	5	1	9	3
1	5	4	9	7	6	8	3	2
7	3	2	5	1	8	4	6	9
9	6	8	2	3	4	7	1	5

201

9	4	5	6	8	1	3	7	2
7	6	8	2	9	3	5	1	4
2	3	1	5	7	4	8	6	9
6	1	4	8	3	7	9	2	5
8	7	9	4	5	2	6	3	1
5	2	3	9	1	6	7	4	8
1	5	7	3	4	8	2	9	6
3	9	6	1	2	5	4	8	7
4	8	2	7	6	9	1	5	3

202

6	8	5	3	2	7	4	9	1
4	2	9	1	6	8	7	3	5
7	3	1	4	9	5	8	6	2
1	5	2	9	3	4	6	7	8
8	4	3	6	7	2	1	5	9
9	7	6	8	5	1	2	4	3
5	6	8	2	4	9	3	1	7
3	1	7	5	8	6	9	2	4
2	9	4	7	1	3	5	8	6

203

8	4	1	5	9	7	2	6	3
6	3	9	2	4	1	5	8	7
7	5	2	6	8	3	9	1	4
1	7	3	9	6	8	4	2	5
9	8	4	1	2	5	7	3	6
2	6	5	3	7	4	8	9	1
5	2	7	8	1	6	3	4	9
3	9	6	4	5	2	1	7	8
4	1	8	7	3	9	6	5	2

204

8	5	6	4	2	3	7	9	1
1	3	7	6	9	8	2	5	4
4	9	2	5	7	1	6	8	3
7	6	5	1	8	4	9	3	2
9	2	4	3	5	7	1	6	8
3	8	1	2	6	9	5	4	7
2	1	8	9	4	5	3	7	6
5	7	3	8	1	6	4	2	9
6	4	9	7	3	2	8	1	5

205

5	1	8	6	7	2	4	9	3
4	7	2	3	9	8	6	1	5
3	9	6	1	5	4	8	2	7
6	5	4	2	1	7	9	3	8
1	2	9	4	8	3	7	5	6
7	8	3	5	6	9	2	4	1
9	4	1	7	3	6	5	8	2
8	3	7	9	2	5	1	6	4
2	6	5	8	4	1	3	7	9

206

3	1	8	6	4	2	5	9	7
9	2	7	8	3	5	6	4	1
5	6	4	1	7	9	2	8	3
7	4	2	5	1	6	9	3	8
8	9	6	7	2	3	1	5	4
1	5	3	4	9	8	7	6	2
6	3	5	2	8	7	4	1	9
2	8	1	9	5	4	3	7	6
4	7	9	3	6	1	8	2	5

207

6	8	4	9	5	1	7	2	3
1	2	7	6	3	4	5	8	9
5	9	3	8	7	2	4	6	1
4	3	1	5	6	7	2	9	8
9	7	6	3	2	8	1	5	4
2	5	8	4	1	9	6	3	7
3	4	2	7	8	6	9	1	5
7	1	5	2	9	3	8	4	6
8	6	9	1	4	5	3	7	2

208

5	8	4	2	6	9	1	3	7
1	9	7	4	3	8	6	2	5
3	6	2	7	1	5	9	4	8
6	4	5	1	8	7	2	9	3
2	7	8	6	9	3	5	1	4
9	1	3	5	4	2	7	8	6
7	5	9	8	2	4	3	6	1
8	2	1	3	7	6	4	5	9
4	3	6	9	5	1	8	7	2

209

3	9	7	1	2	5	6	8	4
2	8	6	4	7	9	5	1	3
5	1	4	6	3	8	2	9	7
4	5	9	3	8	1	7	6	2
7	2	8	9	5	6	4	3	1
1	6	3	7	4	2	9	5	8
8	4	1	5	6	7	3	2	9
9	3	5	2	1	4	8	7	6
6	7	2	8	9	3	1	4	5

210

1	6	4	2	8	9	3	7	5
2	5	9	1	3	7	4	6	8
7	3	8	6	4	5	2	9	1
8	2	5	4	7	6	9	1	3
4	9	7	3	1	2	8	5	6
3	1	6	9	5	8	7	4	2
6	8	1	7	2	4	5	3	9
9	7	2	5	6	3	1	8	4
5	4	3	8	9	1	6	2	7

End View 1

End View 2

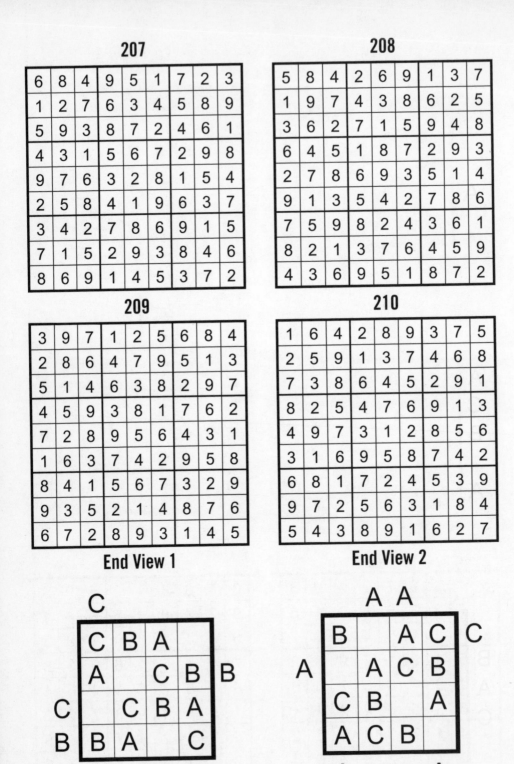

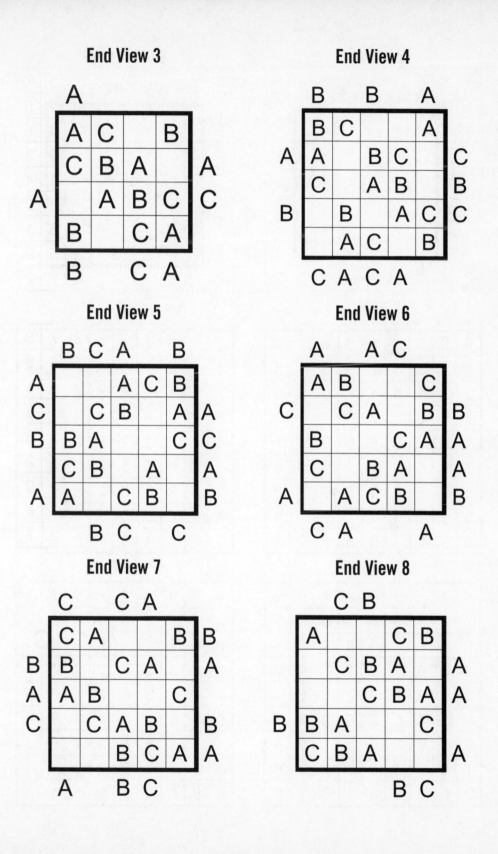

End View 3

End View 4

End View 5

End View 6

End View 7

End View 8

End View 9

Top: A B A B

	A	B	A	B		
C	A				B	C
C	C	B	A				A
		C	B		A		A
B	B	A			C	
C				C	A	B	C

Bottom: B A C

End View 10

Top: A   B D

	A		B	D		
D	D		C	B		A	A
	B		A	D		C	C
A		A	B	C	D		D
	C	D			A	B
	A	C	D		B	
B		B		A	C	D	D

Bottom: A   D   D

211

9	6	5	1	8	3	4	7	2
4	7	3	6	2	9	8	1	5
2	8	1	5	4	7	9	6	3
7	5	8	3	9	4	1	2	6
1	9	2	8	6	5	3	4	7
3	4	6	2	7	1	5	8	9
5	2	9	4	1	6	7	3	8
8	1	7	9	3	2	6	5	4
6	3	4	7	5	8	2	9	1

212

2	5	3	7	4	6	8	9	1
8	4	6	1	9	3	7	2	5
7	9	1	2	8	5	6	4	3
3	2	5	6	7	9	4	1	8
6	1	4	3	2	8	9	5	7
9	7	8	5	1	4	3	6	2
1	3	9	8	6	2	5	7	4
4	8	2	9	5	7	1	3	6
5	6	7	4	3	1	2	8	9

213

8	4	1	3	5	2	7	6	9
7	2	3	9	6	4	8	1	5
5	6	9	7	1	8	4	2	3
6	5	8	1	7	9	3	4	2
9	1	2	5	4	3	6	8	7
4	3	7	8	2	6	9	5	1
3	7	6	2	8	5	1	9	4
1	8	5	4	9	7	2	3	6
2	9	4	6	3	1	5	7	8

214

8	7	4	3	2	6	9	5	1
2	1	5	8	9	4	3	6	7
9	6	3	7	1	5	8	2	4
1	3	9	5	7	2	4	8	6
7	4	2	9	6	8	1	3	5
5	8	6	4	3	1	2	7	9
4	5	1	6	8	3	7	9	2
3	2	7	1	5	9	6	4	8
6	9	8	2	4	7	5	1	3

215

4	3	8	2	9	1	6	7	5
2	7	9	3	6	5	1	4	8
1	6	5	8	4	7	2	9	3
8	9	1	5	2	4	3	6	7
6	2	3	7	8	9	4	5	1
5	4	7	1	3	6	8	2	9
3	1	6	9	7	2	5	8	4
7	8	2	4	5	3	9	1	6
9	5	4	6	1	8	7	3	2

216

3	5	7	4	9	6	1	8	2
8	9	1	2	5	3	7	6	4
4	6	2	8	7	1	5	9	3
7	8	6	3	4	5	9	2	1
5	2	9	6	1	7	3	4	8
1	3	4	9	8	2	6	5	7
2	4	5	1	3	9	8	7	6
9	1	8	7	6	4	2	3	5
6	7	3	5	2	8	4	1	9

217

9	4	2	8	5	6	3	1	7
5	1	7	3	4	2	6	9	8
8	6	3	7	9	1	4	2	5
4	7	6	2	8	9	5	3	1
3	2	9	4	1	5	7	8	6
1	8	5	6	3	7	2	4	9
2	5	8	9	6	4	1	7	3
7	3	1	5	2	8	9	6	4
6	9	4	1	7	3	8	5	2

218

6	8	9	2	4	7	5	3	1
5	3	7	6	1	9	2	8	4
2	4	1	3	5	8	6	9	7
1	7	5	4	9	2	3	6	8
8	6	2	7	3	1	9	4	5
4	9	3	5	8	6	7	1	2
3	2	6	1	7	4	8	5	9
7	1	8	9	6	5	4	2	3
9	5	4	8	2	3	1	7	6

219

5	6	2	4	1	9	8	3	7
3	9	8	5	6	7	1	4	2
1	4	7	2	3	8	5	6	9
6	3	4	1	2	5	9	7	8
8	7	1	9	4	3	2	5	6
9	2	5	8	7	6	3	1	4
7	8	6	3	5	2	4	9	1
2	1	3	7	9	4	6	8	5
4	5	9	6	8	1	7	2	3

220

8	5	3	6	7	4	2	1	9
2	6	4	9	1	8	3	5	7
7	1	9	2	5	3	4	8	6
4	3	1	5	2	7	9	6	8
6	2	7	4	8	9	1	3	5
5	9	8	1	3	6	7	4	2
3	8	6	7	9	1	5	2	4
9	4	2	3	6	5	8	7	1
1	7	5	8	4	2	6	9	3

221

8	2	5	9	4	3	1	7	6
9	3	4	7	6	1	2	5	8
1	7	6	5	8	2	4	3	9
6	9	2	8	3	5	7	4	1
3	4	8	2	1	7	9	6	5
5	1	7	4	9	6	3	8	2
7	8	9	6	2	4	5	1	3
2	5	3	1	7	8	6	9	4
4	6	1	3	5	9	8	2	7

222

3	5	6	9	4	7	8	2	1
2	9	7	8	6	1	5	4	3
1	4	8	3	2	5	7	9	6
5	6	9	4	7	3	2	1	8
4	3	1	2	8	9	6	5	7
7	8	2	5	1	6	9	3	4
9	2	4	6	3	8	1	7	5
6	1	3	7	5	2	4	8	9
8	7	5	1	9	4	3	6	2

223

2	8	4	5	7	1	9	3	6
9	7	5	3	6	8	2	4	1
3	6	1	4	2	9	7	5	8
6	1	8	9	3	4	5	7	2
5	4	9	7	8	2	1	6	3
7	2	3	1	5	6	8	9	4
4	5	7	8	1	3	6	2	9
1	3	6	2	9	5	4	8	7
8	9	2	6	4	7	3	1	5

224

5	9	7	4	3	2	1	8	6
3	8	4	5	1	6	2	7	9
1	2	6	9	7	8	4	5	3
8	3	9	6	5	1	7	2	4
7	5	1	2	9	4	3	6	8
4	6	2	3	8	7	5	9	1
2	7	3	1	6	9	8	4	5
6	4	5	8	2	3	9	1	7
9	1	8	7	4	5	6	3	2

225

2	6	3	8	4	9	7	1	5
5	8	1	3	7	2	4	9	6
4	9	7	6	1	5	3	8	2
7	4	5	1	3	6	8	2	9
8	3	6	9	2	4	1	5	7
9	1	2	7	5	8	6	4	3
6	2	9	4	8	7	5	3	1
3	5	4	2	6	1	9	7	8
1	7	8	5	9	3	2	6	4

226

8	5	9	6	2	7	1	3	4
2	3	7	1	9	4	5	6	8
6	4	1	5	8	3	9	7	2
3	1	8	2	5	6	7	4	9
5	6	4	9	7	8	3	2	1
9	7	2	3	4	1	8	5	6
4	2	3	7	1	9	6	8	5
7	9	5	8	6	2	4	1	3
1	8	6	4	3	5	2	9	7

227

7	9	3	4	1	2	6	8	5
4	2	6	9	8	5	7	3	1
8	1	5	6	7	3	4	9	2
2	5	1	7	3	8	9	4	6
6	4	7	1	2	9	8	5	3
3	8	9	5	6	4	1	2	7
1	3	8	2	9	6	5	7	4
9	6	4	3	5	7	2	1	8
5	7	2	8	4	1	3	6	9

228

1	4	9	3	8	2	6	5	7
5	8	7	4	6	9	3	1	2
2	6	3	5	1	7	8	4	9
3	7	8	6	5	1	9	2	4
4	1	6	2	9	3	7	8	5
9	5	2	7	4	8	1	6	3
6	3	5	1	7	4	2	9	8
7	9	1	8	2	5	4	3	6
8	2	4	9	3	6	5	7	1

229

4	9	1	2	8	3	6	5	7
6	2	3	1	5	7	8	9	4
5	8	7	9	6	4	3	1	2
1	4	5	3	2	8	7	6	9
3	7	2	6	9	5	1	4	8
8	6	9	4	7	1	2	3	5
7	5	6	8	1	9	4	2	3
2	3	8	5	4	6	9	7	1
9	1	4	7	3	2	5	8	6

230

6	5	9	8	4	2	7	1	3
3	4	2	5	7	1	6	9	8
7	8	1	3	6	9	5	4	2
8	9	4	2	1	7	3	5	6
2	1	6	4	3	5	9	8	7
5	7	3	6	9	8	4	2	1
4	6	8	9	2	3	1	7	5
1	3	5	7	8	4	2	6	9
9	2	7	1	5	6	8	3	4

231

1	5	3	6	4	2	9	8	7
2	8	4	9	5	7	6	1	3
6	7	9	1	8	3	4	5	2
3	4	6	7	9	5	1	2	8
8	1	5	2	6	4	3	7	9
7	9	2	3	1	8	5	6	4
5	3	7	4	2	1	8	9	6
4	6	1	8	7	9	2	3	5
9	2	8	5	3	6	7	4	1

232

3	4	7	8	6	2	1	5	9
5	8	2	1	7	9	4	6	3
9	1	6	3	5	4	2	8	7
7	2	8	9	3	5	6	1	4
1	5	9	4	2	6	7	3	8
4	6	3	7	1	8	9	2	5
6	3	5	2	9	7	8	4	1
8	7	1	6	4	3	5	9	2
2	9	4	5	8	1	3	7	6

233

3	5	8	6	2	4	9	7	1
1	4	9	5	7	3	8	2	6
7	6	2	1	9	8	3	5	4
2	8	4	3	5	7	1	6	9
9	7	6	4	1	2	5	3	8
5	1	3	9	8	6	2	4	7
4	9	5	2	6	1	7	8	3
8	3	1	7	4	5	6	9	2
6	2	7	8	3	9	4	1	5

234

6	1	4	5	3	9	7	2	8
8	7	3	2	4	6	5	9	1
9	2	5	1	8	7	6	4	3
2	4	7	8	6	1	3	5	9
1	3	9	7	2	5	8	6	4
5	6	8	3	9	4	2	1	7
3	5	6	9	1	8	4	7	2
7	9	2	4	5	3	1	8	6
4	8	1	6	7	2	9	3	5

235

1	7	3	2	5	8	4	6	9
4	6	8	1	9	3	7	2	5
5	2	9	6	7	4	3	1	8
6	3	7	9	1	5	2	8	4
9	8	4	3	2	7	1	5	6
2	5	1	8	4	6	9	3	7
7	9	2	5	8	1	6	4	3
3	1	5	4	6	9	8	7	2
8	4	6	7	3	2	5	9	1

236

9	1	5	4	8	2	7	3	6
4	7	6	3	5	9	2	8	1
3	2	8	7	1	6	4	5	9
8	9	7	5	4	1	3	6	2
2	3	4	9	6	7	5	1	8
5	6	1	2	3	8	9	4	7
7	8	3	6	9	4	1	2	5
1	5	2	8	7	3	6	9	4
6	4	9	1	2	5	8	7	3

237

2	3	9	8	5	7	6	4	1
8	5	6	4	9	1	7	2	3
4	1	7	2	6	3	9	5	8
5	8	2	9	4	6	3	1	7
9	4	1	3	7	2	5	8	6
7	6	3	5	1	8	2	9	4
1	2	4	7	3	9	8	6	5
3	9	5	6	8	4	1	7	2
6	7	8	1	2	5	4	3	9

238

2	8	6	4	1	3	5	9	7
4	9	5	6	7	2	3	1	8
7	3	1	9	8	5	4	6	2
3	1	4	7	2	6	9	8	5
5	7	8	3	9	4	6	2	1
6	2	9	8	5	1	7	3	4
1	4	2	5	3	9	8	7	6
8	5	3	1	6	7	2	4	9
9	6	7	2	4	8	1	5	3

239

9	7	4	5	8	1	6	3	2
2	8	5	7	3	6	4	1	9
6	3	1	4	2	9	7	5	8
1	4	7	2	6	5	9	8	3
3	9	2	8	1	7	5	6	4
5	6	8	3	9	4	2	7	1
4	2	6	1	7	8	3	9	5
7	1	3	9	5	2	8	4	6
8	5	9	6	4	3	1	2	7

240

2	4	1	9	6	7	5	3	8
3	5	7	4	8	2	6	9	1
6	8	9	1	5	3	4	7	2
7	9	2	8	3	4	1	5	6
5	6	3	2	1	9	7	8	4
8	1	4	6	7	5	3	2	9
4	3	8	5	2	6	9	1	7
9	2	5	7	4	1	8	6	3
1	7	6	3	9	8	2	4	5

241

7	10	12	5	11	8	4	2	6	3	9	1
6	4	1	8	7	10	9	3	11	12	5	2
3	2	9	11	6	12	1	5	10	7	4	8
12	3	4	6	2	7	5	1	9	8	11	10
11	8	10	2	9	3	12	4	1	5	7	6
1	7	5	9	8	11	6	10	4	2	12	3
4	11	3	10	5	1	2	8	12	9	6	7
8	5	7	12	10	9	11	6	2	1	3	4
9	6	2	1	3	4	7	12	8	11	10	5
5	12	8	4	1	6	3	11	7	10	2	9
10	9	6	3	12	2	8	7	5	4	1	11
2	1	11	7	4	5	10	9	3	6	8	12

242

1	9	8	12	3	11	7	10	6	2	5	4
10	2	5	3	6	4	1	8	7	11	9	12
4	6	11	7	9	2	5	12	8	1	10	3
9	8	6	4	12	1	10	7	2	5	3	11
5	7	2	10	11	6	3	4	12	8	1	9
12	11	3	1	8	5	9	2	10	4	7	6
7	12	9	8	5	3	4	6	11	10	2	1
11	5	4	2	1	10	8	9	3	12	6	7
3	10	1	6	2	7	12	11	4	9	8	5
6	1	12	5	4	8	2	3	9	7	11	10
2	4	10	11	7	9	6	5	1	3	12	8
8	3	7	9	10	12	11	1	5	6	4	2

243

6	9	12	4	8	3	5	2	10	11	7	1
11	5	1	8	10	9	7	6	2	12	4	3
7	3	10	2	4	11	1	12	6	5	9	8
10	11	7	6	3	8	9	4	12	1	5	2
5	8	9	3	2	12	11	1	4	7	6	10
2	1	4	12	7	5	6	10	9	8	3	11
12	6	3	7	1	10	2	5	8	9	11	4
8	4	2	11	6	7	12	9	1	3	10	5
9	10	5	1	11	4	8	3	7	2	12	6
1	7	8	9	5	6	4	11	3	10	2	12
4	12	11	10	9	2	3	8	5	6	1	7
3	2	6	5	12	1	10	7	11	4	8	9

244

4	6	8	3	12	1	2	5	9	7	10	11
10	11	5	1	9	8	7	3	6	2	12	4
12	2	7	9	6	4	11	10	3	8	5	1
8	3	12	6	1	2	10	9	5	11	4	7
11	7	1	10	3	6	5	4	8	12	2	9
2	5	9	4	8	7	12	11	1	10	3	6
9	10	3	5	4	12	6	7	2	1	11	8
7	1	2	11	10	5	3	8	4	6	9	12
6	12	4	8	11	9	1	2	10	5	7	3
5	4	11	2	7	3	8	1	12	9	6	10
1	9	6	7	5	10	4	12	11	3	8	2
3	8	10	12	2	11	9	6	7	4	1	5

245

4	8	6	1	5	3	12	10	7	2	11	9
3	10	5	12	9	2	7	11	6	4	8	1
9	11	2	7	8	1	6	4	10	12	5	3
5	6	11	4	10	12	9	7	2	3	1	8
10	1	7	3	2	6	4	8	12	11	9	5
2	12	8	9	11	5	3	1	4	7	6	10
7	2	9	10	12	4	8	6	5	1	3	11
8	4	12	11	1	10	5	3	9	6	7	2
6	3	1	5	7	11	2	9	8	10	4	12
12	9	3	8	6	7	11	2	1	5	10	4
1	5	4	6	3	8	10	12	11	9	2	7
11	7	10	2	4	9	1	5	3	8	12	6

246

8	2	5	12	9	3	4	7	11	1	6	10
6	7	4	3	5	1	10	11	12	8	2	9
1	9	10	11	2	6	8	12	5	3	7	4
10	1	7	8	4	12	5	3	9	6	11	2
11	12	9	2	6	10	1	8	4	7	5	3
5	6	3	4	11	2	7	9	1	10	12	8
2	8	11	5	10	7	3	4	6	12	9	1
12	3	1	7	8	5	9	6	2	4	10	11
9	4	6	10	12	11	2	1	8	5	3	7
3	5	8	6	1	9	11	10	7	2	4	12
7	11	12	1	3	4	6	2	10	9	8	5
4	10	2	9	7	8	12	5	3	11	1	6

247

1	8	12	6	7	4	9	3	10	11	2	5
10	5	3	9	6	2	11	8	7	12	4	1
7	2	11	4	12	1	5	10	3	6	9	8
2	6	5	8	11	10	1	9	12	4	3	7
11	12	9	3	8	6	7	4	2	5	1	10
4	10	1	7	5	12	3	2	9	8	6	11
12	1	7	5	3	11	8	6	4	9	10	2
6	3	4	11	10	9	2	5	1	7	8	12
8	9	10	2	1	7	4	12	5	3	11	6
9	7	2	10	4	5	6	11	8	1	12	3
3	4	6	1	2	8	12	7	11	10	5	9
5	11	8	12	9	3	10	1	6	2	7	4

248

7	10	3	1	12	4	6	5	8	2	11	9
8	11	6	9	10	2	3	7	4	1	12	5
2	5	4	12	8	1	9	11	7	3	10	6
1	4	2	3	9	7	11	8	12	6	5	10
12	9	8	11	1	5	10	6	3	4	7	2
5	7	10	6	2	3	12	4	9	8	1	11
6	12	9	4	5	11	2	10	1	7	3	8
3	1	5	7	4	6	8	9	11	10	2	12
10	2	11	8	3	12	7	1	6	5	9	4
4	6	1	10	7	9	5	12	2	11	8	3
9	8	7	2	11	10	4	3	5	12	6	1
11	3	12	5	6	8	1	2	10	9	4	7

249

4	1	8	3	2	5	11	7	10	9	6	12
9	11	5	6	3	4	12	10	7	1	2	8
7	12	10	2	1	6	8	9	3	4	11	5
1	2	12	4	6	3	5	11	9	8	7	10
3	8	6	10	7	9	4	1	12	11	5	2
11	7	9	5	8	12	10	2	1	3	4	6
10	3	2	9	4	8	6	12	11	5	1	7
6	5	7	1	11	10	2	3	4	12	8	9
12	4	11	8	9	7	1	5	6	2	10	3
8	6	3	12	5	11	7	4	2	10	9	1
2	10	4	7	12	1	9	8	5	6	3	11
5	9	1	11	10	2	3	6	8	7	12	4

250

8	5	4	10	6	2	11	7	1	3	9	12
12	11	9	3	5	4	1	8	6	7	10	2
6	1	2	7	3	10	9	12	4	8	11	5
3	2	5	6	12	1	10	4	9	11	7	8
10	4	1	9	8	5	7	11	12	2	3	6
11	7	8	12	9	3	2	6	10	5	1	4
1	3	6	11	4	12	8	9	2	10	5	7
2	10	7	8	11	6	5	1	3	4	12	9
5	9	12	4	10	7	3	2	8	1	6	11
9	12	3	1	2	11	4	5	7	6	8	10
7	8	11	2	1	9	6	10	5	12	4	3
4	6	10	5	7	8	12	3	11	9	2	1